공직자가 청렴하면
청와대도 안 무섭다

공직자가 청렴하면
청와대도 안 무섭다

ⓒ 임용근, 2021

개정판 5쇄 발행 2021년 3월 26일

지은이   임용근
펴낸이   이기봉
편집   좋은땅 편집팀
펴낸곳   도서출판 좋은땅
주소   서울 마포구 성지길 25 보광빌딩 2층
전화   02)374-8616~7
팩스   02)374-8614
이메일   gworldbook@naver.com
홈페이지   www.g-world.co.kr

ISBN   978-89-6449-246-8 (03320)

공직자가 청렴하면
청와대도 안 무섭다

· 임용근 지음 ·

제대로 된 인사, 이것이 바로 경영의 시작이며 끝이라 할 수 있다!

좋은땅

평소에, 이런 글은 "지고지순(至高至順)"한 삶을 실천해온 분들이 쓰는 것이라 생각해온 터라 망설일 수밖에 없었다. 굽히지 않는 강한 성격 탓으로 따뜻하기보다는 "원칙주의 고집자"라는 비판도 받았고 유연성이 부족하다는 동료들의 지적을 받아들이는 것에 미흡한 나였지만 그동안 평범한 공직생활을 해오면서도 나름 소신과 원칙을 지키려고 꾸준히 노력해 왔다.

이 글을 쓰게 된 계기는 공직에서의 다양한 경험을 바탕으로 직장에서의 성공을 꿈꾸는 많은 분들에게 참고가 되었으면 하는 바람으로 용기를 내게 되었다. 특히, 극소수의 잘못으로 전체가 매도되는 어려운 현실에서도 묵묵히 옳은 길을 걷고 있는 공직자들에게 조금이라도 위안이 되었으면 하는 바람을 가져본다.

조직은 한두 사람이 이끌어 갈 수 없다.

리더는 조직의 비전을 세우고 강한 실천의지를 갖고 좋은 프로그램(제도)을 마련하여야 한다. 그리고 이를 제대로 작동시킬 운영자를 선택하면 거의 절반은 성공한 것이나 다름없다. 운영의 투명성을 통해 그 정당성이 확보되기 때문이다.

우선, CEO의 투명한 경영의지가 조직 전반에 스며들어야 한다. 부정행위와 반칙이 자생할 수 없도록 시종일관 잘 살펴야 할 것이다. 조선의 정약용 선생은 '목민심서'에서 부정부패는 아무도 모를 줄 알지만 "낮말은 새가 듣고, 밤 말은 쥐가 듣는다."고 했다. 세상에 비밀이 없다는 말이다.

이 세상 어디에도 조직구성원 모두를 만족시키는 완전한 방법은 없다.

따라서 추진과정부터 직원들의 의견을 존중하고 이치에 어긋나지 않도록 운영하는데 소홀하지 않는다면 그 역할을 다한 것이다. 특히, CEO는 조직 내에 생각과 행동이 올곧은 인재를 찾아내는데 진력해야 하고, 또한 조직 내에 권력과 편안함만을 누리려는 아첨 전문가의 달콤한 말에 혼(魂)을 잃지 말아야 한다. 그래야만 CEO가 조직을 떠난 후 절망과 치유할 수 없는 갈등을 남기지 않는다.

공직자가 청렴하면 이 세상에서 무서울 것이 없다.

생각을 곧게 하고 이를 실천하면 그 권한은 정말 막강하다고 본다. 권력의 무게는 곧 청렴에서 나온다 해도 과언이 아니다. 따라서 조직을 맑게 움직일 수 있는 운영자는 조직 내 어딘가에 존재하게 마련이다. 이들을 찾아내어 適材適所에 배치하는 것이 중요하다. 이것이 바로 경영의 시작이며, 끝이다.

저자 임용근

|차례|

머리말 5

PART 5 품격을 높이는 작은 습관

성장의 기본은
"청렴과 공정"이다

PART 1

부패한 조직은 수명이 짧다.

부패와 친한 사람은 한 직장을 오래 다닐 수 없다. 어차피 사정 기관에 걸려서

못 다니고 안 걸리더라도 조직이 망해서 다니고 싶어도 못 다닌다.

권력의 힘, 이것은 청렴에서 그 정당성이 나온다. '물질의 부패'를 넘어 '생각

의 부패.' 이를 청산하고 실천하면 이 세상에 무서울 것이 없다.

공직자가 청렴하면, 청와대도 두려울 것이 없다.

공직자는 능력보다는 청렴이 더 우선이다

거의 매일 터지는 사회지도층의 비리를 보고 있노라면 정말 한숨이 절로 나온다. 연일 쏟아지는 각종 비리소식에 언론이 들썩이면 들썩일수록 국민들은 이러다가 이 나라가 완전 썩어서 망하는 것은 아닌지 분노하다가도 시간이 지나면 또 예전에 그랬던 것처럼 국민들의 기억 속에서 잊혀 가고 오히려 비리에 익숙해져 무감각해지고 있다.

국민들이 무감각해지는 속에서도 더 놀라운 것은 그 정도가 매우 심각한 상황에 이르러 이제는 누구로부터 돈을 먹고 끝내는 수준이 아니라는 것이다. 최근 어느 국회의원 비서가 저지른 선거관

리위원회의 디도스 공격은 특정후보의 당선을 이롭게 할 목적으로 저지른 사건임이 검찰 수사를 통해 드러났다. 이는 국가의 근본을 흔든 엄청난 사건으로 그 배후를 끝까지 밝혀내어 다시는 이런 일이 재발되지 않도록 하여야 할 것이다. 결국, 비리 척결을 위해 각계각층에서 목소리를 높이고 있지만 그리 쉽게 해결될 일은 아니라서 안타까울 따름이다.

그래도 부정하게 뇌물을 받은 사람은 검찰 등 사정 기관에서 적발하여 법적절차에 따라 처벌하면 된다. 그러나 조직 내 특정간부가 권한을 남용(인사 등)하여 조직구성원들에게 피해를 주었더라도 이를 적발하기가 쉽지 않을뿐더러 이를 어렵게 적발하더라도 경영권이라는 이유로 교묘하게 핑계를 대고 빠져나가게 되어 있다 보니 감옥에 보내기도 어렵다.

사실상, 이는 전자나 후자나 모두 범법행위이다. 그럼에도 불구하고 사람들은 후자에 대해서는 왜 그리 너그러울까?

실제로 특정인의 권한 남용은 조직구성원에게 엄청난 피해를 주게 된다.

내가 근무하는 조직은 더욱이 사회적 약자를 대상으로 공공서
비스를 제공하는 조직인데, "우리가 부정을 저지를 일이 뭐가 있느
냐"고 반문하는 경우가 많았다.

이에 동의한다 해도 누가 틀리다고 말할 사람은 아무도 없을 것
이다. 우리 조직은 정말 깨끗한 조직이라고 자랑해도 좋을 정도다.

그러나 어느 조직이나 마찬가지로 조직 내부로 들어오면 상황
이 달라질 것이다.

조직 구성원들 간의 특별한 인간관계로 인해서 발생하는 부적
절한 행위들은 그 숫자는 절대적으로 적을지는 모르지만 그 피해는
생각보다 크다. 만일 이를 묵인한다면 일부 조직구성원들은 자신
의 이익을 위해 소위 힘 있는 상사의 주변을 맴돌게 될 것이다. 그러
다 보면 온갖 부패가 자연스럽게 생겨나게 되어있다.

결국 이러한 최종 피해는 서비스 대상인 국민에게 돌아가는 악
순환이 반복될 것이므로 공직자에게 더욱 엄격한 기준을 적용하는

이유가 바로 여기에 있는 것이다.

제도의 허점을 이용하여 교묘하게 권한을 남용하는 공직자는 오히려 돈 먹는 공직자보다 더 죄질이 나쁘다고 생각한다. 이러한 권한 남용은 조직 구성원의 사기를 저하시키게 되고 그런 조직구성원이 근무하는 조직은 자연스럽게 도태되게 되어 있다. 즉, 그 조직은 망하는 것이다.

만약, 음식점을 운영하는 식당주인이 나쁜 음식재료를 썼다는 사실이 알려지면 고객의 외면으로 망할 것이다. 이는 개인의 문제로 끝나는 일이지만 공직자의 부적절한 행위는 전염병처럼 순식간에 국민에게 큰 피해를 주게 된다. 따라서 일의 능력보다는 청렴성 등을 더 엄격하게 요구해야 하는 것은 어찌 보면 당연한 것이라 생각한다.

자신이 평생을 바친 공직에서 고작 돈 몇백, 몇천만 원 때문에 불명예로 퇴출되는 고위 공직자의 뒷모습을 보는 것이 나를 가장 슬프게 한다.

공직자는 돈보다는 명예를 먹고 산다는 옛 말들이 문득 떠오르

성장의 기본은 "청렴과 공정"이다

면서…….

　다행하게도 눈에 보이는 "물질의 부패"는 그런대로 잡기가 쉽다.
　그러나 진정한 공정사회의 시작은 "물질의 부패"를 넘어 "생각
의 부패"까지 청산하는 것이다. 다시 한 번 강조하지만 권력의 정당
성은 바로 청렴에서 나온다. 이것이 바로 공직자의 막강한 힘이고
국민의 힘이다.

공정의 출발은 인사에서 시작된다

어느 조직이든 인사가 끝나면 여러 말들이 무성하기 마련이다. 승진·전보 등 인사에서 연줄이 없어 손해를 보았다고 생각하는 직원들이 의외로 많은 것 같다. 추측성 이야기가 거의 대부분이라 하더라도 CEO는 이를 대충 흘려들어서는 안 된다. 인사와 관련한 각종 부정적인 '설'은 그 진위 여부를 떠나 조직에 결코 도움이 되지 않는다.

특히, 인사문제는 매우 민감하기 때문에 이를 방치하면 수습은 아주 어려워진다. 이는 제도 또는 운영의 불신에서 비롯된 것이므로 반드시 그 치유책을 찾아야만 한다. 그 원인이 제도에 있는지, 아

성장의 기본은 "청렴과 공정"이다

니면 운영자에게 있는지를 먼저 파악해야 한다. 지금까지의 경험상 어느 조직도 제도가 미비하여 불공정한 경우는 거의 없다고 해도 과언이 아니다. 이는 항상 이를 운영하는 사람의 몫이다. 만약 운영이 투명하지 못하면 공정성 시비가 발생하게 된다. 따라서 CEO는 긴 안목과 통찰력으로 올곧은 직원을 적합한 자리에 배치해야 할 책무가 있다.

조직에서 운영되는 근무성적평정에서 그 예를 들어 설명하고자 한다. 일 년에 한두 번 실시되는 직원들의 근무성적평정에 대한 공정성 시비는 어제 오늘 일이 아니다. 따라서 최근에는 공정성 확보를 위한 명분으로 그 평가방식도 많이 변하고 있다. 여기에서 소개되는 것은 예전의 근무성적평정에 관한 이야기이다.

민간기업의 경우는 구체적인 실적을 바탕으로 평가할 수 있겠지만 공공기관은 업무 특성상 개인 실적이 잘 눈에 들어오지 않기 때문에 많은 고민을 할 수밖에 없다.

평가자의 성향에 따라 능력, 연공, 인간관계 등 여러 요소를 고려해서 근무성적평정을 하고 있지만 그 결과는 한 개인의 승진과 임금 등 신상에 상당한 영향을 미치게 되고, 경우에 따라서는 같은 입사 동기라 하더라도 그 직급 격차가 몇 년은 순식간에 벌어지기 때문에 직원들의 최대 관심사에 평가자는 많은 고민을 할 수밖에 없다.

그러나 문제는 여기서 끝나는 게 아니다. 예를 들어, 지방 기초 단위에서 같은 직급들 중 1등을 받았다 하더라도 같은 직급 전체에서 올라온 1등이 20명이라면, 결국 1등부터 20등까지 줄을 다시 세우게 되는데 이 작업에 공정성이 결여된 기준 적용으로 중하위권 성적을 받아 승진에서 탈락되었다면 이 얼마나 억울하겠는가?

그래도 기초단위의 평정은 최종단계의 평정보다는 좀 더 나은 편이다. 기관장이 열심히 일하는 직원을 제쳐두고 다른 사람을 1등으로 평가하기는 쉽지 않을 것이다.

인사부서는 기초단위로부터 평정결과를 보고 받고 최종단계로 직급별 전체 순위를 정하는 작업을 하는데, 이때 최종결정은 근무평정조정위원회에서 조정하도록 되어 있다. 그러나 실제로는 근무

성장의 기본은 "청렴과 공정"이다

평정조정위원회 회의 개최 전에 인사부서에서 자체적으로 일정 순위를 정한 다음 인사위원들을 찾아다니며 설명하고 서명을 받는 수순으로 진행되는 경우가 대부분이다. 물론 1등부터 20등까지 줄을 근거 없이 세웠다고 단정할 수는 없지만 그렇다고 그 기준이 공정하다고 단언하기는 어려울 것이다. 전체 순위가 인사위원의 성향에 따라 크게 좌우될 수도 있기 때문이다.

물론 여기서도 일정 기준을 만들어 적용해야 함이 마땅하다.

그러나 본부 임원들과 국장들로 구성된 인사위원회에서 지방 기초단위에서 1차, 2차 평정자로부터 받은 평정결과를 참고하여 전체 직원의 순위를 결정하는 것은 쉬운 일도 아니고 그 결과에 피평가자가 실상 납득하기 어려운 부분이 많다.

연공으로 평가한다면 쉽겠지만 그럴 수도 없는 것이고 무엇으로 그 사람의 능력을 평가한단 말인가. 그동안 피평가자 자신이 직접 작성한 업무실적서와 지방 기초단위의 1,2차 평정결과가 전부인데…….

직원들의 신상에 중대한 영향을 미치는 일에 대해서는 더욱더 엄격한 기준과 잣대의 적용이 필요하다. 그래야만 일을 열심히 한 직원들이 승복할 수 있는 것이다. 이에 나는 공정한 기준을 적용하라며 수차례 재검토를 요구한 사실이 있지만 이 문제는 쉽게 해결될 일이 아니다. 꾸준히 문제점을 인식해야 할 것이다. 불합리한 제도가 문제라면 구체적인 해결방안을 찾으면 될 것이고, 운영의 문제로 불신이 생긴다면 그 요소들을 하나하나 없애 나가면 된다.

이에 대한 개선은 CEO의 몫이므로 그의 의지 여부에 따라 달라질 수 있다고 생각한다. 훗날 직원들의 가슴속에 어떤 CEO로 기억될 것인지 한번 생각해볼 일이다.

그리고 노파심에서 드리는 말씀은 혹시나 직원들의 근무성적 평정 등의 인사제도를 운영함에 있어 이를 마치 권력으로 인식하고 원칙 없이 자신의 주관적 판단을 행사하는 사람이 없는지 주의 깊게 살펴보고 만약 그런 사람이 있다면 이를 적발하여 감옥(監獄)에 보내야 할 것이다.

성장의 기본은 "청렴과 공정"이다

관행 뒤에 숨지 마라

잘못된 관행이 한 개인의 평생의 꿈을 순식간에 날려버리는 걸림돌이 되는 것을 무수히 보아왔다. 그동안 우리는 언론 매체를 통하여 국무총리 및 장관후보자 등 많은 유명인들의 인사 청문회를 지켜보면서 그들에게 아무리 탁월한 능력이 있더라도 준법의식 부족과 도덕적 결함이 있는 한 이를 극복하기는 어렵다는 것을 학습하였다.

비록 그들의 입장에서는 자신도 모르는 사이에 순간적으로 저지른 사소한 행위로 생각할 수 있겠지만 "바늘 도둑이 소 도둑 된다"는 옛 속담이 있듯이 과거 '사회적 관행'을 핑계로 자신을 정당화하려고 방어를 시도하는 것은 옳지 않다고 생각한다. 세속의 편법, 불법 등 반칙에 편승한 자에게 청렴, 공정성을 기대할 수는 없을 것이다. 그동안 우리는 잘못임을 알면서도 관행이라는 이유로 묵인해 오지는 않았는지, 이를 동료나 상사 그리고 부하직원의 탓으로 돌리지는 않았는지, 다시 한번 뒤를 돌아볼 필요가 있다.

사회를 떠들썩하게 하는 정치인 등의 비리 등에 대해 이야기 하고자 한다. 수백억, 수천억의 불법 정치자금을 떡 주무르듯 하다가 감옥에 간 정치인은 얼마 후에는 거의 다 죽어가는 것처럼 들것에 실려 병원에 입원하고 얼마가 지나면 병보석으로 풀려나온다.

이것이 정치인 등 사회 지도층의 비리 사건의 해결 수순이다. 그리고 얼마가 지나면 대통령 특별사면으로 모든 것이 다 원위치 되고 그러고 나서 장관도 하고 국회의원도 하면서 국회 대정부질문에서는 본인의 과거는 망각의 늪에 버린 듯 어떻게 그리 당당한 것인지 실망이 앞선다.

그들이 저지른 그동안의 불법행위에 대해서는 반성은커녕 오

성장의 기본은 "청렴과 공정"이다

히려 사소한 관행쯤으로 인식하는 태도는 더 큰 불법행위로 발전해 나갈 것이다. 정치인과 고위공직자의 범죄에 대해서는 사면을 해주고 일반국민은 왜 해주지 않는가? 물론 교통법규 위반 관련 일반사면은 가끔 대통령이 바뀌면 해주고 있지만 형평성의 문제가 제기될 수도 있다.

나는 이와 관련하여 제안을 하고자 한다. 특별사면을 마치 권력자에 대한 충성의 산물로 국민들이 오해하기 전에 정치인과 고위공직자 비리 사건에는 특별사면을 제한하는 것이 옳다고 본다. 그러면 반드시 비리는 근절되게 되어 있다. 이것이 사회지도층의 비리를 근절하는 해법이고 그래야 모두가 납득할 수 있다.

나의 청렴 수준은

간부에게 요구되는 도덕성 기준은 예전과는 많이 달라졌다. 대충 관행으로 통하던 일들도 이제는 전혀 통하지 않는다. 늦었지만 어찌 보면 정말 다행한 일이고 당연한 일이다.

그러나 나를 먼저 바꾸지 않으면 조직은 절대로 변하지 않을 것이다. 너부터가 아니라 나부터 변해야 한다는 말이다.

남을 탓하기 이전에 나는 어떠했는지를 돌아보는 자세가 필요하다. 조직 내에서 자신이 무슨 행동을 하고 있는지에 대해서 인지조차 못하는 경우가 많다

성장의 기본은 "청렴과 공정"이다

직장생활을 하다 보면 상사에 대한 존경심에서 소액의 선물을 할 수는 있다. 물론 그 진정성은 본인과 상사만 알겠지만, 혹여나 승진에 도움을 기대하고 상사에게 선물 또는 향응을 베푼 사실이 없는지, 회사 업무용 카드를 부적절하게 개인용도로 사용한 적은 없는지, 사무실에서 전화로 간단하게 처리할 수 있는 일을 1~2시간 출장 업무를 수행하고 하루분의 출장비를 청구한 일은 없는지, 또한 출장 시 개인용무를 본 적은 없는지, 일과 무관하게 회사 돈으로 저녁을 먹은 일은 없는지, 승진·전보 시 상사 등에게 청탁한 일은 없는지, 고객으로부터 술, 밥을 얻어먹기를 은근히 기대하고 있는 건 아닌지, 회사에서 고객용으로 만든 각종 홍보물품을 업무와 무관하게 친인척이나 단골 가게에 가져다 준 적은 없는지……. 이것은 일부를 열거한 것이다.

우선은 위에서 열거한 물질의 부패와 생각의 부패로부터 자유로워야 하고 또한 자신이 맡고 있는 각종 제도를 공정하게 운영하도록 실천해야 한다.

이것이 바로 청렴의 종착점이다.

만약 이러한 것들이 관행이라는 변명으로 묵인된다면 더 나은 청렴한 조직으로 나아가기는 어렵다.

생각부터 청렴해야 청렴이 행동으로 옮겨질 수 있다. 사회를 바꾸는 원동력은 바로 조직이 아니라 개인, 나 자신에서 출발한다. 나 자신부터 바꾸어야 다른 사람도 바뀔 수 있다는 사실을 명심하자.

성장의 기본은 "청렴과 공정"이다

신뢰회복은 과거의 반성에서부터

이 세상에 완벽한 사람은 없다고 단언해도 지나치지 않을 것이다. 직장생활을 하다 보면 본의 아니게 실수도 종종하게 마련이다. 고의성이 없는 한 서로 이해하는 것이 바람직하다고 생각한다.

또한 과거의 잘못에 집착하는 것도 올바른 태도가 아니다. 이를 진정으로 반성하는 직원이 있다면 평생을 나쁜 사람으로 몰아서는 안 된다. 그러나 이 또한 분명한 것은 과거의 반성을 통해서만이 진실한 용서가 가능하다.

예를 들어 과거의 옳지 못한 행동들에 대한 반성이 선행되지 않는다면 그가 아무리 어떤 일을 투명하고 공정하게 한다 한들 이를 믿는 사람은 없을 것이다. 즉, 반성은 신뢰회복이 최우선이라 생각한다. 진실한 반성을 통해 과거의 불공정 등을 단절하는 노력이 선행되어야 한다.

그래야 다시 신뢰를 얻을 수 있다. 그러고 나서 정말 상식적인 선에서 판단하고 행동하면 그때부터 그는 조직의 청렴한 인재로 거듭날 수 있는 것이다.

성장의 기본은 "청렴과 공정"이다

청렴한 공직자는 국민이 만든다

대부분의 공직자는 경제적인 어려움속에서도 청렴하게 살아가고 있지만 국민들의 정서와는 상당한 거리가 있는 것 같다.

특히, IMF를 겪으면서 많은 국민들은 직장과 관련하여 느낀 점이 많았을 것이다. 실직의 충격이 그만큼 컸다는 이야기다. 내 남편, 내 동생, 그리고 나와 관련된 사람들은 기껏 다녀야 45세면 직장에서 퇴출되었고 재수 없으면 38세에도 직장을 잃다보니 삼팔선, 사오정이라는 유행어가 등장할 정도였다. 이런 와중에도 특별한 사정이 없는 한 유일하게 정년을 채우는 사람들이 공직자다 보니 부럽기도 했겠지만 매번 공직자의 비리가 언론에 대서특필되고 이러한 현실에서 부패한 공직자를 생각하면 한편으론 정말 미웠을 수도 있다.

언론에 비쳐지는 부정적인 공직자상으로 항상 등장하는 것이 부정부패, 억대연봉, 60세 까지의 정년보장 등이다. 이를 두고 국민들은 신의 직장이라고 부른다. 비록, 언론 보도가 과장되어 억울할 수도 있겠지만 이를 항변한들 어느 국민이 믿겠는가? 사실은 언론 보도처럼 그렇게 돈을 많이 받는 공직자는 정말 몇 명 안 된다. 거의 대부분의 공직자는 민간기업과 단순 비교해도 턱없이 적은 수준의 봉급을 받고 있다고 자신 있게 말할 수 있다.

그럼에도 불구하고 국민들의 불신을 받는 이유는 무엇일까 하고 곰곰이 생각해 보았다. 단지, 오래 다닌다는 이유로 국민들이 그렇게 미워하지는 않을 텐데……, 이는 딴 생각을 하고 딴 짓을 하는 일부 공직자의 탓이라고 생각한다.

이런 공직자가 언론매체를 통해 소개되고 그 빈도가 절대적으로 많아지면서 국민들의 불신은 치유할 수 없는 상황에 까지 가버린 것 같아 안타까울 따름이다.

성장의 기본은 "청렴과 공정"이다

청렴한 공직자상을 하루빨리 정립하는 것이 신뢰를 회복하는 길이다.

돈을 받지 않는 것은 당연한 일이고, 거기다가 국민의 입장에서 제도운영을 공정하게 한다면 억대연봉은 말할 것도 없고 70세 까지 다닌다 하더라도 어느 국민이 탓하겠는가? 이제는 국민들도 너그러운 마음을 가졌으면 좋겠다. 일부 공직자가 저지른 잘못을 이유로 정말 묵묵히 일하는 수많은 공직자가 매도되어서는 안 된다고 생각한다.

공직자가 먹고사는 걱정 안하고 나라일만 걱정한다면 얼마나 좋을 까?

이제는 우리나라도 공직자의 봉급만큼은 제대로 책정해주었으면 한다.

공직자도 생활인이다. 가족을 부양해야 할 의무가 있다. 공직자라 해서 마트에서 물건값을 깎아주는 것도, 자녀들의 학원비를 깎아주는 것도 아니다.

"배고프더라도 참아야 한다" "무조건 청렴해야 한다" 는 식으로는 공직자를 설득하는 데는 현실적인 한계가 있다. 이제부터라도 능력에 걸 맞는 몸값을 제대로 쳐주고 국민의 심부름꾼으로 부려먹는 날이 왔으면 좋겠다는 바람을 가져본다.

공직자의 부패는 국민과 연관되어 있다고 생각한다. 만약에 돈을 주고 자신의 이익을 추구하는 국민이 단 한명도 없었다면 부패한 공직자가 발을 붙이지는 못하였을 것이다. 공직자가 먼저 변해야 하는 것은 당연한 일이겠지만 그렇지 않는다면 그들을 탓하기 이전에 국민이 먼저 변하면 될 것이다.

공직자가 존경받는 사회, 이는 공직자와 국민 모두가 노력해야 할 일이다. 그 이익은 모두 국민에게 돌아간다는 사실을 우리는 알고 있지 않은가?

그러나, 이유야 어떠하든 부패한 공직자는 절대로 국민이 용서하지 않는다는 사실을 반드시 명심하자.

성장의 기본은 "청렴과 공정"이다

상사의 리더십은 청렴에서 나온다

부하직원 모르게 혼자 나쁜 짓을 저지르는 상사는 그래도 좀 낫다. 이 경우는 아마 형량으로 따지면 3년 이하의 징역형에 처해질 것 같다. 그러나 권력을 부려 부하직원까지 자신의 부정행위에 끌어들인다면 조직에 미치는 부정적인 영향이 더 크기 때문에 징역 10년 이상의 중형이 불가피할 것이다.

형량에 대해서는 사안의 경중을 비교하기 위해 가정해본 것이다.

상사와 부하직원이 공모하여 부정을 저지르는 관계로 발전하면 일시적으로는 서로 좋을 수는 있으나 점점 더 함께 일하기는 어렵지 않을까? 처음에야 서로 좋아서 어쩔 줄 모르겠지만 시간이 흐르다 보면 그 부하직원 조차도 자신과 같은 수준의 상사를 우습게 보기 마련이다.

이때부터 그 상사는 이미 죽은 것이나 다름없다.

여러 사람이 공모하면 일이 점점 더 커지게 되고 조직에 엄청난 손해를 입히게 된다. 사욕을 채우는 사람이 한 명씩 늘 때마다 조직의 생명력은 1년씩 사욕을 채우는 사람 수만큼 줄어든다는 말이 있다.

부패는 부패를 낳는다. 조직에서 존경받는 간부가 되려면 공정하고 청렴해야 한다는 점을 늘 가슴에 새겨두고 실천해야 한다. 이런 일은 CEO가 의지만 있다면 쉽게 근절할 수 있다고 본다. 예를 들어 승진·전보 인사 시 CEO에게 영향력을 행사할 수 있는 인맥을 동원하여 승진 등을 부탁한 직원이 있을 경우, 이 사실을 사전에 공개하고 즉시 징계성 전보조치하고, 인사 청탁 시 승진 누락 등의 불이익을 줘보라. 어느 간 큰 직원이 감히 청탁을 하겠는가?

청탁하면 조직에서 도태된다는 이 사실을 직원들에게 공표하

성장의 기본은 "청렴과 공정"이다

고 반드시 실천한다면, 인사부정은 현저하게 줄어들 것이라 확신한다. 이 모든 것은 CEO와 핵심간부들의 의지에 따라 얼마든지 근절시킬 수 있는 사람의 영역이지 신(神)의 영역은 아니다.

"윗물이 맑아야 아래물이 맑다"는 말이 있다.

CEO나 임원이 깨끗하게 행동하고 실천하면 자연스럽게 밑에도 깨끗해진다. 윗사람이 곧은 심지를 세우고 솔선수범하면 절대로 밑에서는 깨끗해지지 않을 수 없는 것이다.

공단의 OO개발원 원장으로 재직하셨던 분의 사례를 간략하게 소개하고자 한다.

그 분은 40년 공직생활동안 이권과 거리가 먼 부서만 찾아서 근무한 분으로 유명하다.

이권과 관련된 부서에 발령이 나면 스스로 상사에게 간곡히 부탁하여 다른 부서로 발령 받기를 자청할 정도였으니 동료들 사이에서는 '사람 좋은 바보'로 통용되기도 하였다.

그 분이 ○○개발원 원장으로 재직 시에는 개발원 설립을 위한 각종 공사 및 물품구매가 활발히 이루어지던 시기로, 그 당시 관급 공사는 눈 먼 공사라 하여 건설시공업체 및 감리단, 그리고 가구 등 각종 물품을 납품하는 기관은 발주업체에 적당한 선물을 안기고 많은 이익을 남기는 것으로 유명하였다. 이 분은 먼저 공사 관련 업체 및 납품업체로부터 선물을 근절하고자 가장 먼저 명절을 핑계로 한 선물부터 차단하였고, 직원 이외에는 원장실 출입엄금과 함께 본인의 주소를 직원에게도 공개하지 않았다.

　원장의 청렴한 성품을 아는 한 납품업체의 사장이 고향 과수원에서 수확한 사과 1상자를 가져와 '이것은 뇌물도 아니고 선물도 아니고 당연한 인지상정으로 원장님을 존경하는 마음이다'라고 말하며 놓고 가려고 했다. 그러나 그 분은 업체 사장을 불러 성의는 감사하나 "업체의 성의가 다른 이의 눈에는 다르게 비칠 수 있어 그렇게 되면 오히려 업체에 피해를 줄 수 있을 것 같다"며 이를 정중히 거절한 적도 있다.

　또 기업체에서 기념품이나 홍보용으로 만든 물품(다수를 대상

성장의 기본은 "청렴과 공정"이다

37

으로 한 물품이라 시가 5,000원 미만)을 가지고 온 적이 있는데 이 또한 제조원가에 산입 되니 받지 말라며 엄명을 내린 적이 있다. 그 분과 같이 근무한 직원들은 인품은 상사로서 훌륭하시나 직원들 입장에서는 춥고 배고픈 시절이었다고 농담처럼 말하곤 한다.

희망과
감동을 주는
CEO

PART 2

제대로 된 인사, 이것이 경영의 시작이며 끝이다.

임기만 채우는 CEO는 NO!

몇 년 전 4대 보험(산재, 연금, 건강, 고용)의 징수부문 통합으로 관련 기관들의 기능이 상당부분 조정되었다. 이와 관련하여 업무를 다른 기관으로 넘긴 공공기관의 경우 처음에는 구조조정 등의 개혁이 필요하다고 강력하게 논의되었으나 현재의 모습을 보면 이들 기관들은 조직이 축소되기는커녕 CEO와 임직원의 공격적인 사업수행으로 오히려 신규채용이 활발하게 이루어지는 등 조직이 확대되고 있다.

반대로 어떤 기관은 공공기관선진화방안이라는 구조 개혁에 묶여 오히려 조직이 축소되는 아픔을 겪기도 하였다.

조직과 그 조직의 서비스를 이용하는 고객의 행복을 위해서도 CEO를 비롯한 간부진의 현명한 판단이 매우 중요하다.

판단의 중요성을 강조하기 위해 나의 개인적인 생각을 이야기하고자 한다.

아주 작은 예를 들자면, 수년 전 창업을 희망하는 장애인들에게 영업점포를 지원한다는 명목으로 서울 천호동에 건물을 구입했다가 사업성이 부족하다는 이유를 들어 다시 매각한 적이 있었다.

정말 잘한 일이다. 만약 그곳에서 장사를 시작했더라면 아마도 많은 장애인들이 손해를 보았을 것이다.

이유인즉슨, 우선 고객이 과연 그 조그마한 건물에 주차 등의 불편함을 무릅쓰고 찾아올까 하는 것이다. 특별한 아이템이 있다면 모르지만 그런 것을 찾기도 어려운 현실에서…….

그 당시에 발상의 전환을 통해서 오히려 고속도로 휴게소 쪽에 관심을 가졌다면 상황은 많이 달라졌을 것이라는 것이 나의 생각이다.

고속도로 휴게소는 고객의 접근성이 좋아 고객 스스로 찾아오는 장점이 있다. 먹고 잠시 휴식을 취하는 것에 그쳤던 휴게소의 기능이 최근에는 다양한 쇼핑까지 추가되는 등 그 기능을 점점 더 다각화하려는 경향이 일고 있다.

매일 찾아오는 차량이 수천 대에 육박하다 보니 좋은 아이템만 갖고 이를 잘 적용하면 사업을 크게 성공시킬 수 있는 좋은 환경이다. 시설 이용의 편리성, 친절한 서비스와 맛있는 음식이 청결하게 제공된다면 금상첨화가 아니겠는가?

장애인들과 비장애인이 함께하는 휴게소, 많은 사람들로부터 감동을 얻어낼 것이다. 오히려 열심히 일하는 장애인을 보면 일을 할 수 없다는 잘못된 편견을 버리게 되어 추가로 다른 분야에서 장애인들에게 신규 일자리가 만들어지는 효과를 얻을 수도 있다.

거기에다가 정부가 장애인 전용 휴게소에 면세 혜택까지 준다면 판매하는 물건의 가격은 더욱 저렴해질 것이고 그러다 보면 장사는 더욱 잘되어 많은 장애인들이 그동안은 국가로부터 지원을 받는 시혜의 대상에서 자립을 통해 세금을 내는 납세의 주체로 바뀔 것이다.

우리 대한민국에 이런 휴게소가 10개만 만들어져도 창업을 원하는 많은 장애인들에게 희망을 줄 수 있을 것이라는 기대를 가져 본다.

그러나 그동안 이런 사업들은 예산사정으로 엄두조차 내지 못했지만 이제부터라도 정부의 통 큰 결정을 통해 이루어졌으면 하는 바람을 가져본다.

욕망이 아닌 자신의 역량을 제대로 아는 CEO

공공기관 중 인원이 일정규모 이상이면 매년 국회 해당 상임위원회가 실시하는 국정감사를 받아야 하고 수시로 현안을 보고하고 국회의원의 질의에 성실하게 답하여야 한다.

우리 공단 국정감사 수감 중에 "장애인 직원이 몇 명이냐"고 물으면서 전체 직원 중에서 최소한 50% 이상은 되어야 한다고 말하는 의원도 있었다.

소외계층 중 장애인의 고용문제가 가장 어렵다 보니 더 관심을 갖는 것은 당연한 일이다. 그러나 이는 인식의 부족에서 오는 해프닝이 아닌가 생각한다.

아마 공단을 장애인 당사자의 직접 고용을 위한 기관 정도로 착 각하는 것 같아 마음이 착잡하였다.

장애인고용공단은 일하고자 하는 장애인들에게 직장을 가질 수 있도록 돕는 기관이다. 따라서 비장애인 직원은 말할 것도 없고 비록 장애를 가진 직원이라 하더라도 장애인의 고용을 돕는 역할을 제대로 잘하느냐 못하느냐에 있는 것이지, 장애를 가졌느냐 안 가 졌는가의 문제는 아닌 것이다. 장애인 직원이 많아야 한다는 생각 은 정말 단세포적인 발상일 뿐이다.

공단은 주된 역할과 업무의 성격에 따라 이를 가장 효율적으로 수행할 수 있는 사람이 근무해야 한다. 그런데도 이런 기관의 본래 기능을 무시하고 대다수의 직원을 장애인으로 채용해야 한다는 논 리라면 무책임한 인기발언에 지나지 않는다.

일부 장애인 단체장을 하고 있는 분들 중 내가 장애인 당사자이 니까 CEO를 해야 한다는 분이 있다면 당장 생각을 바꿔야 한다. 정말 어려운 것이 장애인 고용문제인데 그동안 내가 장애인 당사자이니까 CEO를 하는 것이 당연하다고 주장하는 경우도 많았다. 이는 자신의 욕망을 이룰지 모르나 그로 인해 수많은 장애인의 희망을 앗아가는 파렴치한 행위일 수도 있다.

오히려 인사권자인 대통령께 대한민국 공공기관 중에서 가장 청렴성과 능력을 갖춘 분을 CEO로 보내달라고 요구해야 할 것이다.

자신의 그릇 크기보다 넘치는 자리는 사양해야 한다. 과연 조직 구성원과 고객에게 피해를 주는 것은 아닐지 등 자기성찰을 한 후 신중하게 결정해야 할 것이다. 만약 이를 준비 없이 수용한다거나 장애인 당사자라는 이유로 욕심을 낸다면 이 또한 부정부패라 아니할 수 없다.

공공기관을 정치권 진입을 위한 수단으로 삼지마라

얼마 전 휴대폰으로 문자 한 통을 받았다. 국회 사무처에서 18대 국회 임기를 마치면서 전체 국회의원 299명 중 최우수 국회의원 5명을 뽑았는데 그중에서 우리 공단 전임 이사장의 이름이 당당하게 들어가 있어 정말 기뻤다.

더구나 그분은 휠체어를 타는 장애인으로 비례대표 초선의원이다. 정말 어려운 여건이었다는 것은 달리 말을 안 해도 모두가 알 것이다.

국회의원의 중요한 역할 중의 하나는 바로 왕성한 입법 활동이다. 국민들이 힘들어하는 고민을 찾아내어 이를 법으로 만들어 해결하는 일이 그들의 역할이고 이것이 바로 국민이 바라는 것이다. 국민들은 이런 분들이 다시 국회의원으로 선출되어 국민에게 진정으로 봉사하기를 원한다.

요즘 각 정당에서는 4월 총선을 앞두고 쇄신작업을 통해 공천혁명을 이루겠다고 약속하였다. 반드시 이 약속이 지켜지길 진심으로 바라는 마음이다.

만약, 고객이나 직원은 안중에도 없고 정치권이나 기웃거리며 공천이나 한번 받아볼 요량으로 당의 실세들의 눈치나 보면서 개인영달을 추구하는 공공기관의 CEO나 고위공직자가 있다면 정말 큰일이다. 더구나 그들이 공천까지 받아 국회의원에 당선된다면 아마도 그는 사고 한번 크게 칠 것이다. 이를 사전에 예방하는 것도 청렴한 사회를 위해 꼭 필요하다.

정상적인 조직만이 생존한다

이 세상에는 다양한 조직이 있다. 이를 단순하게 정상적인 조직과 비정상적인 조직으로 나누어 본다면, 정상적인 조직은 운영체제가 자체 매뉴얼에 따라 투명하고 공정하게 잘 작동되는 조직을 말하고, 비정상적인 조직은 운영체제를 무시하고 그때그때 상황을 빌미로 원칙을 변경하거나 반칙을 인정하는 등 조직구성원의 가치에 혼란을 주는 조직을 말한다.

따라서 비정상적인 조직은 조직공동체로서 기능을 할 수 없기 때문에 시간이 지나면 자동으로 소멸하게 되어 있다. 이런 이유로 비정상적인 조직을 인정할 수 없는 것이며 만약 인정한다면 처음부터 잘못된 생각일 것이다.

그러면 정상적인 조직은 어떤 모습일까? 반드시 지켜야 할 최소한의 원칙에 대한 구성원의 합의가 있고 지속적으로 큰 힘을 발휘할 수 있는 문화가 정착되어 있는 조직이다.

최근 공직자는 말할 것도 없고 대기업의 납품비리, 2011년 스포츠계를 강타한 프로축구선수의 승부조작 등 사회의 총체적인 부패상을 바라보면서 최소한의 원칙과 양심의 마지노선이 무너진 것 같아 참으로 참담함을 금할 수 없다. 마지막까지 지켜야 할 기본적인 원칙들이 지켜지지 못하고 훼손되고 있다.

CEO는 조직이 정상적으로 작동하고 있는지 직원들에게 자주 물어봐야 한다. 예를 들어 자신이 몰랐던 인사와 관련된 비사가 직원들의 입에 오르내리고 이것이 사실로 나타난다면 그 조직은 병을 앓고 있는 비정상 조직으로 봐야 하지 않을까?

일하는 사람 따로, 인사 등에서 혜택을 보는 사람이 따로 라면, 이런 무질서한 조직에서 조직의 발전을 기대할 수는 없을 것이다.

원칙을 무너뜨리는 조직은 조직구성원의 열정을 한 곳으로 모아서도 안 된다. 그 이유는 어느 날 갑자기 없어져 버릴 텐데 왜 쓸데없는 열정을 그런 곳에 쏟는단 말인가? 그냥 그럭저럭 지내다가 때가 되면 역사의 뒤안길로 사라져가도 억울할 것이 없다. 누구를 탓하겠는가?

경영의 시작과 끝은

CEO가 조직구성원들의 신뢰를 얻고자 한다면, 능력발휘도 중요하지만 제도운영에 있어 일관성 유지가 더 중요하다. 이는 기계가 하는 것이 아니라 사람의 일이므로 가장 중요한 것은 "결국 누구로 하여금 그 일을 처리하게 하느냐"로 즉, 인사문제라 생각한다. 따라서 인사 및 감사업무를 담당하는 부서의 고위직원 발탁의 기본은 공정성과 원칙을 지키느냐 그렇지 못하느냐 이다.

이런 자리를 '권력의 핵심'으로 인식하는 사람이 들어가서는 조직이 성공할 수 없다고 본다. 그 이유는 조직구성원은 그가 아무리 어떤 사안에 대해 공정하게 원칙을 준수하여 처리하였다 하더라도 이미 과거에 그가 보여준 부적절한 행동들이 조직구성원의 머릿속에 떠나지 않고 있다면 신뢰회복은 어렵다.

따라서 CEO는 공정성과 원칙을 갖춘 인재를 찾기 위해 노력해야 하고, 찾아진 인재라 하더라도 필요한 자리에 제대로 배치하는 것이 더 어려운 사안으로 고심의 고심을 거듭하여 결정하여야 할 것이다.

'제대로 된 인사.' 이것이 바로 경영의 시작이며 끝이기 때문이다.

역할에 충실해야 신뢰를 얻는다

　　사업 재원이 부족한 기관의 CEO는 항상 걱정이 많다. 제대로 된
사업을 하려면 돈이 많이 들어가는데 사정한다고 정부에서 넉넉하
게 주는 것도 아니고, 또한 노동조합은 임금이나 복리후생비를 더
내놓으라고 하고…….

　　처음 부임하는 CEO가 최우선적으로 파악해야 할 것은 그 기관
의 예산규모이다. 노동조합의 요구에 의해서 혹은 직원들에게 선
심을 쓸 요량으로 무엇 무엇을 해주겠다고 약속을 하게 되면 머지
않아 그 약속을 절대로 지킬 수 없다는 사실을 알게 될 것이다. 조직
은 시스템에 의해 운영되는 것이지, CEO의 재량에 의해 운영되는

것이 아니라는 것과 대부분의 기관들이 겉으로 볼 때는 풍족해 보일지는 몰라도 사실은 예산 사정이 매우 **빡빡**하다는 사실을…….

특히 예산, 이는 기관을 움직이는 제일 핵심 요소로, 이를 확보하는 일은 정말 쉽지 않다. 예산확보를 위해 직원들이 노력해야 할 부분과 CEO가 발품을 팔아야 하는 부분은 엄연히 구분되어 있으며 예산확보를 위한 CEO들의 활동방식은 과거 경력에 따라 차이가 많다. 사전 경험이 있는 CEO는 행정절차를 통해 예산을 확보하는 방법을 추구하지만 그렇지 않은 CEO는 정치적인 힘을 동원하려는 경향이 있다. 정치적인 힘을 통한 예산확보 방법은 처음 한해는 운 좋게 성공할지 모르나 나중에는 조직에 무리를 줄 수 있다. 예산을 편성하고 심의하는 기획재정부나 국회가 사람들의 부탁을 모두 들어준다면 대한민국의 1년 예산은 지금의 몇 배가 되어도 부족할 것이다.

따라서 당장의 이익보다는 적법한 절차와 방법에 의해 심의되고 결정되는 것이 가장 올바른 것이다. 발 빠른 사람들의 로비에 의해 이루어지는 예산확보 방법은 사회 정의와도 정면으로 배치되는 것이다. 충분한 타당성을 바탕으로 최선을 다해 설득하면 반드시 필요한 예산을 확보할 수 있다. 이런 중요한 일을 오로지 정치권의 인맥에 의존해서 해결하려 한다면 참담한 결과로 돌아올 것이고 이러한 CEO는 임기 내내 조직구성원의 신뢰를 잃게 될 것이다.

일을 추진함에 있어서도, 사전에 구체적으로 지시하는 것과 밑에서 그냥 알아서 해온 것을 결정하는 업무처리 방식의 결과는 완전 다르게 나타날 것이다. 연봉이 직급별로 다른 이유가 바로 여기에 있다고 본다. 국장 역할을 하면서 CEO의 보수를 받는다면 이 또한 부정부패라 생각한다.

자신의 역할을 다 하는 것……. 그것이 임명권자가 당신을 임명한 이유일 것이다.

CEO의 최우선 역할은 조직이 나아가야 할 방향성을 잡는 것이다. 그 방향성에 돈(재원)이 부족한 게 걸림돌이 된다면 이 부분을 위해 노력해야 한다. 앞에서도 말했듯이 돈을 만드는 일은 정말 어렵지만 이것이 바로 CEO의 사명이고 역할이라 생각한다. 이런 중요한 역할을 어렵다고 직원들에게만 맡기고 언론노출을 의식한 이벤트성 행사에만 관심을 갖는다면 그 기관의 운명은 어떻게 되겠는가? 직원들의 고통을 이루 말할 수 없을 것이다. 얼마의 시간이 지나면 그 조직은 이미 다른 공공기관들과의 근로조건 등을 포함한 많은 부분에서 현저하게 뒤떨어질 것이다.

궁극적으로 사업을 잘하기 위한 전제조건은 바로 돈(재원)이다. 따라서 나는 그 우선순위에 입각해서 각자의 역할을 하자는 것이다. 그 우선순위는 하드웨어(기본 인프라)가 될 수도 있고 소프트웨어(역할정립 등)가 될 수도 있다. 우선순위의 판단오류는 조직발전을 크게 위축시킨다. 정말 신중에 신중을 거듭해야 할 것이다.

부하직원의 노력만으로는 당장 이루기 어려운 일도 CEO가 직접 뛰다보면 설령 본인의 임기 중에 해결이 안 되더라도 다음 CEO 임기 중에는 해결될 수 있는 일들이 많다. 임기가 끝났다고 그냥 물러나는 게 아니라 다음 CEO가 해야 할 일에 대한 인계를 명확히 하는 것 또한 중요한 일이다.

희망과 감동을 주는 CEO

두 번째는 공정한 인사관리이다. 특히 이 부분은 매우 중요한 사안으로 임기를 마치고 떠나더라도 그 책임을 져야 한다고 본다. 예를 들어 CEO가 임기를 마치고 나면 직원, 외부고객 등을 중심으로 평가단을 구성하여 그 공과(功過)를 평가하는 작업이 반드시 필요하다고 본다. 미흡한 부분을 후임 CEO가 타산지석으로 삼는다면 그 조직은 발전의 토대를 마련한 것이나 다름없고 그래야만 인사권자가 아무나 보내지 않을 것이다.

세 번째는 인재를 키워라. 조직을 움직이는 주체는 사람이므로 이에 대한 투자 없이는 그 발전을 기대하기 어렵다. 전 조직구성원이 모두 핵심 인재였으면 더할 나위 없겠지만 그런 조직은 존재할 수 없으므로 핵심 인재 육성에 만전을 기하여야 한다.

전에 모시던 CEO는, 1%의 씨앗(인재)을 확보하여 싹을 틔우고 이를 확산시키면 99%까지 확산이 가능하다고 인재육성의 필요성을 특히 강조하셨다. 조직 발전을 위해서는 인재의 육성이 가장 중요한 과제이다. 인재를 키우는데 인색한 조직은 미래의 보장을 기대하지 말아야 할 것이다.

네 번째는 직원과의 소통이다. 원활한 소통은 직원들로부터 신뢰를 얻을 수 있고 그 신뢰가 쌓이면 조직은 생명력을 얻게 된다. 그냥 열심히 하겠다가 아니라 "나는 임기 중에 무엇을 어떻게 하겠다"는 구체적인 목표를 설정하고 그에 걸맞은 실천적인 행동이 중요하다. 신뢰가 구축된다면 못할 일이 없을 것이다. 일방적인 지시보다 상호간 소통으로 서로의 능력을 최대한 이끌어낼 수 있으면 금상첨화가 아니겠는가?

공공기관이 신뢰를 얻으려면

　국민의 모든 생활에 밀착서비스를 제공하는 공공기관이 국민의 신뢰와 사랑을 받지 못하는 이유는 무엇인가? 나는 다음 3가지에 있다고 생각한다.

　첫 번째로 전문성을 무시하는 낙하산 인사가 가장 큰 이유이다. 최근 모든 공공기관에서 시행되고 있는 개방형 직위공모는 공모제라는 허울 좋은 탈을 씌워놓은 낙하산 인사라는 지탄을 많이 받고 있다. 능력과 상관없이 대부분 정치권의 연줄에 의해 임명되다 보니 그 정당성을 잃게 되어 조직 운영의 동력을 잃는 경우가 허다하다.

이것이 바로 이해당사자들과의 전문성 시비로 인해 임명 6개월이 안 되어서 낙마하는 CEO가 많은 이유의 하나이다. 따라서 낙하산 인사라도 그 임명과정을 투명하게 하고 전문성을 엄격하게 평가하여야 한다.

두 번째, 직원들의 주인의식 부족을 들 수 있다. 공공기관 직원들은 일정 직위까지 올라가면 능력 여부와는 상관없이 더 이상 승진은 불가능하다. 일부직원의 경우 정치권과 연결되어 가끔 임원으로 승진하는 경우가 있지만 대부분의 임명직은 정치적 배려가 개입되기 때문에 현실적으로 특별한 경우를 제외하고는 임원으로의 승진은 정말 어려운 일이다. 그러다 보니 승진에 대한 강한 욕구, 즉 동기부여가 되지 않아 개인의 역량을 한곳으로 모으기도 어렵고 또한 특별한 사정이 없는 한 정년이 보장되다 보니 자칫 무사안일로 흐르기 십상이다.

최근 어떤 기관에서는 임원도 아닌 최고위 직급인 1급의 자리까지도 상급기관에 물어보고 거기서 낙하산으로 보낸 외부사람을 임명하는 CEO가 있었다는 이야기를 들었다. 만약 사실이라면 상급 기관의 이런 행동은 명백한 경영권의 침해라고 생각한다.

조직이 일할 사람은 없고 낙하산만 늘비하다면 누가 일을 해서 조직을 발전시킬 것인가? 이제는 이런 기가 막힐 일은 그만했으면 좋겠다.

세 번째, 자율성의 부족이다. 기관을 운영하는 각종 규정은 모두 상급기관의 승인을 받아야 한다. 내부 이사회의 의결을 거쳤다 하더라도 상급기관의 맘에 들지 않으면 헛수고가 된다. 특히 규모가 작은 공공기관일수록 이런 일은 빈번하다. 오죽하면 차관급 CEO의 권한이 상급기관 실무 담당자만도 못하다는 말이 나오겠는가?

이들이 반대하면 부서 하나 신설도 불가하며 직원 1명도 마음대로 채용할 수 없는 것이 오늘의 현실이다.

얼마 전 민간에서 온 어느 CEO가 임기 이전에 사임을 하면서 한 말이 언론을 통해 소개되었다. 상급기관의 각종 규제 때문에 아무

일도 할 수 없다는 푸념이다. 깊이 새겨야 할 대목이다. 기관에 대해서는 자율성은 최대한 부여하고, 결과에 대한 책임은 확실하게 물었으면 한다.

위 3가지 공공기관이 신뢰받지 못하는 원인 중에서 가장 큰 원인을 하나 고른다면 전문성을 간과한 낙하산 인사라고 생각한다.

이는 기관의 발전을 지체시키고 결국 인사권자인 대통령에 대한 실망으로 나타나 그동안 보내왔던 지지를 철회하게 만들고 그 결과는 정권교체의 씨앗이 된다는 사실을 명심하자.

물론 국민들은 야금야금 권력을 주워 먹고 있는 측근들의 소행이라는 것을 알지만 이 또한 최종 책임은 그런 사람을 중용한 대통령에게 있다는 것은 명백한 사실이다. 인사권자인 대통령부터 보은, 정실 인사가 아니라 능력과 청렴을 겸비한 검증된 인물을 발굴하는데 힘써야 할 것이다.

공모제를 통해 실시되는 낙하산 인사와 관련하여 이야기하고
자 한다.

공공기관 CEO가 되려면 해당기관에서 실시하는 공개경쟁 모집
에 응하여야 한다.

우수인재를 영입한다고 시작된 공모제의 본래의 취지는 매우
좋았으나 이를 제대로 실천하지 못하다 보니 지금은 어느 누구도
이 제도를 신뢰하는 사람은 없을 것이다. 공정하지 않았다는 말이다.
그런데 아직까지도 이 제도를 통해 임명절차가 이루어지고 있으니
국민이나 조직구성원 모두가 조롱당하는 느낌이다.

사전 조율을 통해 내정자를 결정해 놓고 일정 절차를 밟는 방식
은 결국 국민을 기만하는 처사다. 괜히 시간 낭비하지 말고 당당하
게 직접 임명하는 것이 옳다고 본다. 어차피 직접선거로 선출된 대통
령의 인사권인데 왜 그리도 눈치를 보는지 도저히 이해가 안 된다.

미국은 엽관제라 해서 권력을 잡으면 그에 수고한 사람들을 대

상으로 논공행상을 한다. 다만 우리와 다른 점이 있다면 아무나 자리를 주지 않는다는 것이 차이점이다. 임명과정을 투명하게 하면 된다. 말도 안 되는 사람을 임명하는 것이 아니라 원칙을 정하고 자리에 걸맞은 적합한 능력을 가진 자를 발탁하면 아무런 문제가 없을 뿐만 아니라 국민들은 절대로 이를 낙하산 인사라고 말하지 않을 것이다.

청렴하고 공정한 과정을 거친 사람이 임명되어야 조직운영도 공정하고 청렴하게 된다. 임명과정부터 잡음이 난 사람은 이미 명분을 잃어 어느 누구도 신뢰하지 않을 것이다.

또한 공기업의 문제가 되는 낙하산 임원에 대해서도 한마디 하고자 한다.

오로지 정치권 로비만 하면 자신의 역할을 다하는 것으로 착각하는 낙하산 임원도 있었다.

사업을 총괄하는 임원은 자신의 책임 하에 해당국장의 보좌를 받으면서 직무를 수행하는 것은 당연한 일이다. 그런데도 이런 역할을 모르는 임원은 국회 보좌관이나 찾아다니면서 접대하고 예산이나 조금 더 받아오는 것으로 자신의 역할이 끝나는 것으로 알고 있었다. 그러다 보면 자연스럽게 경비지출이 많아져서 사업추진에 필요한 업무추진비가 모자라게 되고 이를 채우는 과정에서 조직 내 많은 잡음을 양산하게 되는 것이다.

낙하산 인사가 근절되면 더할 나위 없이 좋겠지만 도저히 현실적으로 어렵다면 낙하산 인사를 보내기 전에 자신의 역할이 무엇인지에 대해 미리 공부를 시켰으면 좋겠다. 낙하산이 얼마나 조직구성원과 고객을 절망시키는지 임명권자가 제발 알았으면 한다.

노동조합으로부터 당당 하라

지금은 공무원을 포함하여 거의 모든 공공기관에 근로자의 권익을 보호한다는 명분으로 노동조합이 결성되어 있다. 당연한 일이다.

그러나 공공기관 노동조합의 역할은 영리 사기업과는 많이 다르다. 임금 인상을 통한 근로조건 향상도 중요하지만 경영의 투명성 제고에 대한 견제 기능이 더 우선이 아닌가 생각이 든다. 임금협상은 정부가 편성해준 예산의 범위 내에서 이루어지기 때문에 분배의 테크닉만 있으면 되는 것이고, 제도운영의 공정성 여부를 견제하여 조합원이 피해를 입지 않도록 하는데 그 역할이 있다고 볼 수 있다.

따라서 경영진이 노동조합으로부터 자유로워지려면 각종 제도의 운영에 있어서 당당하면 된다. 공정한 제도운영에서 강한 경영권이 나온다 해도 과언이 아니다.

노동조합은 경영에 간섭해서는 안 된다. 특히, 인사 등에 개입해서 특정조합원의 이익을 위한다면 그 결과는 부메랑이 되어 노동조합의 발목을 잡을 것이며 그 책임을 면하기 어려울 것이다.

경영진도 단체교섭 대상이 무엇인지 명확히 파악해야 한다. 단체교섭 대상이 될 수 없는 주요 경영에 관한 사항을 노사 간의 상생을 핑계로 노동조합과 거의 합의수준으로 논의하여 결정하고 있는 것은 아닌지 또한 경영실적평가를 잘 받기 위해서는 노동조합과의 관계를 잘해야 한다는 명분으로 굴복한 일은 없는지, 반성해볼 일이다. 정부도 경영실적평가 시에 반드시 사실관계를 명확히 따져보는 자세가 필요하다.

최근 기관장도 아니고 간부도 아닌 노동조합 대표자를 기관장회의나 간부회의에 참여시키는 기관이 많다. 이를 마치 상생으로 오해하는 CEO가 있다면 정말 어이없는 일이다. 노동조합의 대표자가 자신의 역할범위를 벗어나는 회의에 참석해서 뭘 하자는 것인가? 누굴 감시하겠다는 것인가? 이는 양측 모두에게 손해되는 일이다.

노동조합은 규정, 규칙이 잘 준수되고 있는 지를 감시하고 이에 경영진은 투명한 경영으로 답하면 그만이다. 이것이 바로 상호 존중이며 상생은 이 존중에서 나온다는 사실을 명심하자.

나는 인사에만 특별한 관심을 갖고 있는 공공기관 노동조합이 있다면 충고를 하고자 한다. 노동조합이 조합원의 인사에 관심을 갖는 것은 지극히 당연하다.

인사운영 등에 있어서 투명하지 않기 때문에 노동조합이 관여해야 하고 그 결과로 투명한 인사가 이루어지고 있다고 자평할는지 모르겠으나 여러 차례 인사 결과에 침묵하고 있는 절대 다수의 조합원이 있다는 사실도 알아주어야 한다.

과정상의 문제점 등을 들면서 합법적 범위 내 다양한 방법의 인사 참여를 요구하기 전에 전 조합원의 인사에 보편타당성의 원칙을 가져달라고 요구해야 할 것이다.

라인(연줄)을 경계하라

옛 선비들은 직언(直言)을 아끼지 않는 것이 신하의 도리라고 여겼다. 심지어 목숨을 버려서까지도 이 덕목을 지켜왔다.

오늘날 우리는 목숨을 걸고 소신 있게 자신의 주장을 꿋꿋하게 펼치며 살아온 그들을 선비라고 부르며 그 정신을 배우려고 노력하고 있다. 즉, 곧은 정신을 지키는 사람이 진정한 선비라고 생각한다.

어떤 CEO는 기관의 주요 보직에 자기에게 편한 사람, 즉 다루기 좋은 사람을 선택한다. 이런 선택은 조직을 공정하게 운영하겠다는 의지의 부족이 아닌가 생각된다.

편법도 쓰고 자신의 이익도 취하겠다는 생각이 조금이라도 있었다면 생각을 바꾸는 것이 좋다. 조직을 운영하다 보면 별별 일이 다 생기게 마련인데 그때마다 참모가 이를 조언하고 때로는 견제해 줘야 성공적인 임기를 마칠 수 있다.

잘못된 선택은 우선은 이익이 되는 것 같지만 나중에는 자신에게 족쇄를 채우는 역할을 하게 될 것이다.

주변에는 자신에게 주어진 권한을 사유화하려는 직원들이 일부 있다. 수단과 방법을 다 동원하여 그 보직에 가게 되면 사람을 모아 자기 사람으로 만들거나 자기 사람을 기용한다. 이를 일명 '라인 만들기'라고 한다.

이런 일은 비밀리에 이루어지기 때문에 다른 사람들이 모를 것 같지만 절대로 그렇지 않다는 사실을 명심하라. 손바닥으로 해를 가린다고 가려지겠는가?

자신이 그 보직에 물러났을 때에도 보직에 있을 때와 같은 권력을 행사하기 위한 못된 행위, 이는 조직을 혼란에 빠뜨릴 뿐이다.

그를 임명한 CEO는 반드시 책임을 져야 할 것이다. 나중에 자신의 선택이 잘못되었다고 후회해도 소용없는 일이다. 이미 그동안 자신이 쌓아온 신뢰와 신망을 다 잃은 후일 테니까…….

다소 버겁더라도 공정한 사람을 선택해야 결국 자기 자신과 조직 모두를 보호할 수 있다.

대왕(大王)의 길을 걷고자 한다면,

　　조선은 500백여 년 간 27명의 왕이 통치하였다. 역사를 공부한 사람이라면 누가 백성을 위한 진정한 군주였는지는 알고 있을 것이다. 이중에는 정말 있으나 마나 한 왕도 수없이 많았고 후세에 어떤 이는 대왕으로, 어떤 이는 그냥 왕으로 불리고 있다.

　　세도정치가 극에 달할 무렵인 조선후기 격동의 시기에 세도가들은 강화도에서 지게지고 나무하던 왕손을 불러다 왕으로 삼은 적도 있었다. 그는 글자도 몰랐다고 한다. 그는 세도가의 치마폭에 쌓여 아무런 역할도 하지 못한 철종임금이었다. 참으로 부끄러운 역사가 아닐 수 없다.

그들은 왜 이런 엄청난 못된 짓을 했을까?

자신들의 권력을 유지하기 위해서였다. 나 개인과 집단의 권력을 위해서만 철저하게 움직여왔다. 그들에게 있어서 나라의 흥망은 아무런 상관없는 존재였다.

당시에 그들은 자신들의 권력이 천년만년 갈 줄 알았을 것이다. 그러나 그들이 그렇게 믿었던 권력도 그리 오래가지 못했고, 그들은 일반 상민들과 똑같이 흙으로 돌아가고 말았다. 그토록 성현들이 무상하다고 한 권력을 그들은 그렇게 신봉했건만 그러나 그들역시 한줌의 흙으로 돌아간 것이다.

어느 기관이나 대회의실 또는 대강당에 가면 벽면에 그간 역대 CEO들의 사진이 붙어 있다. 정부부처도 똑같이 장관들의 사진이 붙어 있다. 나는 회의실을 이용하다가 가끔은 사진 앞에서 명상에 잠기곤 한다. 그러면서 나는 이런 생각을 했다. 그들이 조직과 고객을 위해 어떤 일을 했는지, 혹시 있으나 마나한 사람은 아니었는지, 나 또한 어떻게 기억될 것인지에 대해 가끔 생각해본다.

희망과 감동을 주는 CEO

인사가 만사다

사람을 적재적소에 배치하는 일이 가장 어려운 일이다. 그러나 반드시 해야 하는 일이다. 그동안 자신과 친한 사람들을 전진 배치하여 자신의 의중대로 조직을 좌지우지 하고자 하는 사람도 있을 것이다. 이것을 개혁으로 착각하면서…….

그러나 그는 곧 자신의 발등을 찍었다는 사실을 알고 후회할 것이다. 자신의 측근 몇 명을 봐주고 거기서 꼬마 대장 노릇을 해본들 그렇게 맺은 인연이 과연 오래 가겠는가? 어림없는 소리다. 그대의 힘이 빠지면 그대가 뒤를 봐준 그들은 여지없이 그대를 무시하고 짓밟아 버리게 될 것이다.

이것이 바로 조직문화가 취약한 부패조직의 전형적인 단면으로, 약육강식의 동물의 왕국에서 그 예를 이미 학습한 경험이 있다.

인사가 만사라는 말이 있다. 다른 일을 아무리 잘해도 인사의 공정을 훼손하면 소용없다.

수년전에 모처럼 대대적인 승진 인사가 있었다. 그런데 담당임원이 본부에서 근무할 인재가 없다는 말에 크게 놀란 적이 있다. 이는 조직 스스로 인사관리를 잘하지 못하고 있다고 인정하는 것이나 다름없다. 이 말에 나는 그동안 승진인사를 어떤 기준으로 하였는지 정말 궁금하였다.

조직의 미래에 엄청난 영향을 미치는 인사, 공정한 인사가 얼마나 중요한 것인가를 새삼 가슴속 깊이 새겨본다.

인재의 발탁, 참으로 어려운 일임에는 틀림없다. 한 사람의 충신이 나라를 어려움에서 구하기도 하지만, 한 사람의 간신이 나라를 망하게 했던 일도 한두 번이 아니었던 사실을 주목해야할 대목이다.

인재를 발굴하고 중용해서 생활을 편리하게 하고 나라를 위기에서 구했던 사례 몇 가지를 들어 보자. 세종대왕은 당시 신분의 차별이 매우 엄격했던 시기에도 관노비였던 장영실을 그의 재능만을 보고 등용하여 과학과 농업을 발전시켰다. 정조대왕은 정적인 심환지(예조판서와 우의정 등을 역임한 노론 벽파의 거두)와 비밀편지를 주고받으며 국정안정에 힘썼으며, 인조임금은 병자호란의 위기에서 명분보다 실리를 앞세운 최명길 등 주화파의 의견을 받아들여 전쟁의 확산을 피했다.

대한민국 수도 서울 한복판에 세종대왕과 충무공 이순신 장군의 동상이 세워져 있는 의미는 말하지 않아도 국민들은 모두 잘 알 것이다.

권력의 탐욕은 미소로서 다정하게 다가온다. 환한 거짓 미소에 속지 말고 항상 주변을 세심하게 살펴야 할 것이다. 정도를 가면 전혀 두려움이 없다는, 천년만년 가는 권력도 아닌데 어찌 사리사욕을 탐하여 세상을 어지럽히는가? 라고 했던 옛 성현의 말씀이 주는 의미를 새겨보아야 할 것이다.

PART 2

78

훗날, 후배들로부터 선배들 중에 그래도 저런 사람이 있었구나 하고 당신이 있어서 그래도 좋았다는 말을 가끔 전해 들었을 때, 정년이 되어 후배들과 인사를 나눌 때 맛있는 차 한 잔을 종이컵이 아닌 예쁜 찻잔에 존경의 마음까지 가득 담아 함께 정중하게 건네는 후배의 모습을 지켜보면서 그래도 인생을 헛되게 살지 않았구나 하는 보람을 느낄 것이다.

이것이 진정한 삶의 보람이 아닐까?

CEO가 자신의 임기 중에 다른 일은 제쳐두고 인사에 있어서 청렴만을 실천해도 그는 성공한 CEO로 기억될 것이다.

청렴하게 조직을 운영하면 조직운영이 공정하게 되어 직원들은 아무런 걱정 없이 신바람 나게 일을 할 수 있게 되고 그러다 보면 일은 자연스럽게 잘 될 수밖에 없다.

인재를 소중히 하라

취업선호도 1위인 공무원이 되거나 공공기관에 입사하면 특별한 사정이 없는 한 정년까지 근무하는 것이 일반적인 관례였다.

그러나 최근 경향은 공공기관에서 민간 기업으로 옮기는 것이 아니라 공공기관에서 다른 공공기관으로 옮겨가고 있는 모습을 보이고 있다.

임금, 복리후생 등이 타 공공기관과 비교해서 열악한 경우, 거기다가 회사 분위기, 불투명한 미래 등이 이들의 이직을 더욱 부추긴다. 인재 유출이 심한 경우 조직에 상당한 악영향을 미칠 것이다.

CEO는 이를 심각하게 인식해야 한다.

이러한 현상이 리더의 자질 문제인지, 불공정한 인사시스템 운영의 문제인지, 상하 간의 갈등의 골로 인한 실망에서 비롯된 것인지, 아니면 근로조건의 문제인지 등을 정확히 진단하고 내부 문제는 내부에서 해결의 중지를 모아야 하고 임금 등의 근로조건과 관련된 문제는 상급기관 등을 설득해서라도 반드시 해결해야 할 것이다.

만약, 20년 이상의 조직역사를 가진 기관이 최근에 출범한 같은 사회서비스를 제공하는 신생 공공기관 직원과의 임금을 단순 비교해도 20-30% 이상의 차이가 난다면 상대적인 박탈감에 그 조직의 직원들은 한숨을 쉴 것이다.

이런 불합리한 부분이 있다면 그 원인을 파악하여 최우선 과제로 채택하고 개선하여야 한다. 왜냐하면 임금은 조직구성원의 자존심의 문제이고 생존의 문제이기 때문이다. 조직을 늘리는 것보다는 직원들의 떨어진 사기를 높이는 것이 그 우선순위에서 앞선다고 본다. 우선순위 판단이 얼마나 중요한 일인지를 강조하는 의미에서 하는 말이다.

이러한 임금격차의 문제는 상급기관이 같은 산하기관과의 형평성만 고려했어도 쉽게 해결될 일이었다. 같은 부처 내에서도 산하기관을 관장하는 부서가 여러 곳이 있다. 그러나 부서끼리도 산하기관을 대하는 기준이 각각 다르다는 사실을 국민들이 안다면 정말 크게 놀랄 것이다.

각각의 산하기관에서 노동조합과 협상해서 올라온 현안들에 대해서는 부처 차원의 종합적인 판단을 통해 나름 통일된 기준이 적용되어야 할 텐데도 종합적인 검토 없이 개별적으로 승인하다 보니 정부에서 매년 똑같이 인건비 예산을 주었음에도 불구하고 일정 기간이 지나면 같은 부처 내의 산하기관별로 보수 수준이 많은 격차가 나게 된다. 이는 발 빠른 기관들이 로비를 통해 이익을 챙겼다는 이야기로밖에 들리지 않으므로 당장 시정해야 할 사안이다.

내부고객도 중요하다

조직을 운영하는 CEO는 항상 판단과 결정의 기로에 서 있다. CEO가 판단을 어떻게 하느냐에 따라 조직은 큰 영향을 받는다.

판단에 있어 주요 고려사항은 외부고객과 내부고객의 소리이다. 외부고객이 최우선인 것은 불멸의 사실이지만 만약 조직이 침체되어 있고 역동성을 보이지 않는다면 이는 내부고객이 행복하지 않기 때문이다. 시스템을 운영하는 내부 고객이 행복해야 그 감동이 외부로 아주 자연스럽게 스며 나올 것이다.

조직을 운영하다 보면 그 우선순위를 결정함에 있어 항상 많은 고민을 한다. 때로는 인프라를 갖추기 위해 하드웨어를 준비해야 할 때도 있고 그 반대로 조직의 역할 재정립, 내부직원의 사기진작 등을 위해 소프트웨어를 시급하게 준비해야 할 때도 있다.

약간의 기능 조정만으로도 해결될 경미한 사안을 영구적인 컨테이너 박스로 고정시켜버리는 우를 제발 범하지 않았으면 좋겠다. 이런 판단은 조직의 침체가 더욱 가속화 되어 내부고객을 힘들게 할 것이다.

그러나 아무리 현재가 어려워도 이를 해결하려는 고민을 쌓다 보면 소프트웨어를 통해 하드웨어의 부족한 부분을 해결할 수 있는 지혜를 얻을 수도 있다.

귤이 회수를 건너면 탱자가 된다(橘化爲枳)

"귤이 회수를 건너면 탱자가 된다"는 말은 조선후기 실학자인 연암 박지원 선생이 그의 저서 '열하일기'에서 하신 말씀이다. 아무리 좋은 제도라 하더라도 이를 제대로 적용하지 못하면 아니 한만 못하다는 의미로 해석하고자 한다.

요즘은 공모가 대세다. 조직의 수많은 직위 중 중요한 직위일수록 공모를 통해 적합한 사람을 발탁한다. 조직의 쇄신 등 여러 면에서 꼭 필요한 제도이다.

공정한 기준 하에 경쟁을 통해 당당하게 이루어진다면 그동안 경직성을 비판받는 공공기관에 변화의 바람을 불어넣는 좋은 기회가 될 것이다.

공모의 자격기준부터 조직 내부가 사전 동의하고 수긍한다면 많은 직원들이 이를 롤 모델로 삼아 자신의 꿈을 키워나갈 것이다. 그러나 사전에 비공식 조율을 통해 특정인을 공모하게 해놓고 공모자를 중심으로 인재를 발탁하는 방식이라면 이는 혁신을 빙자한 반칙이고 부정부패라 본다. 이런 식의 자리 바꿈은 오히려 조직구성원을 분열시켜 조직발전에 전혀 도움이 안 된다.

공공기관의 공모제도, 제대로 하고 있는지 다시 한 번 살펴볼 필요가 있다.

"맛있는 귤을 맛없는 탱자"로 바꾸는 우를 범하지 않았으면 좋겠다.

공모제와 관련하여 한마디 하고자 한다.

얼마 전에 R&D기관의 성격을 갖는 산하기관장 자리가 비어 공모를 하였는데 내부 고위간부가 1차 서류심사에서 탈락하였다.

이유는 잘 모르지만 나중에 들은 바에 의하면 박사학위가 없다는 이유라고 하는데 자세한 것은 모르겠다. 현 조직에서 주요보직은 다 거쳤고 거의 15년 이상을 이곳에서 근무한 고위 간부이다.

이 정도면 어떤 누구와 경쟁해도 비교 우위에 있었을 텐데 서류 심사에서 탈락하고 오히려 외부 사람과 내부 하급직원이 1차 서류 전형을 통과하였다. 그는 그만, 큰 망신을 당하고 만 것이다. 그렇다고 그분을 꼭 그 직위에 임명하라는 말은 아니다. 그분이 그 직위에 가고 못 가고는 개인의 역량 여부에 있는 것이지 우리 조직구성원 여부와는 아무런 상관이 없다. 단지 내가 궁금한 것은 서류심사에서 전문성의 반영 여부이다.

그렇게 학위가 중요한 것인가 하고 생각해 보았다. 우리 업무와 관련 없는 박사학위가 과연 무슨 전문성이 있단 말인가? 그렇다고 그가 초등학교를 나온 것도 아니고 소위 SKY 명문대학을 졸업했고 대학원도 수료한 분이었다. 단지 그 분야의 박사학위만 없을 뿐이었다.

지금 다른 기관은 오히려 학력은 묻지 않는 것이 일반적인 관례가 되어가는 마당에 오히려 그동안 그가 쌓은 경력과 15년 이상의 재직을 통해 획득한 전문성은 완전히 무시되고 있으니 기가 막힐 일이다.

　이 문제를 그분의 개인문제로 알고 있는 조직구성원들도 문제다. 자신들의 전문성을 그렇게도 처참하게 뭉개버렸는데도 이에 어느 누구도 항의하거나 이의를 제기하는 간부가 거의 없었다. 죽은 조직이 아니고는 있을 수 없는 일이다.

직원을 행복하게
하는 상사

PART 3

현재의 나의 위치…….

내가 앉아 있는 이 자리.

이것은 내 자리도 아니고 네 자리도 아니다.

돌아가면서 앉는 공동의 의자이다.

이것을 자꾸만 내 자리로 착각하는 것…….

의지가 약한 CEO와는 거리를 두라

혁신의 의지가 약한 CEO는 자신의 임기 중에 시끄러운 일이 일어나는 것을 원치 않는다. 노동조합과의 관계도 가급적 원만하게, 조직구성원의 어지간한 실수도 관대하게 처리하길 원한다.

즉, 피를 묻히기가 싫다는 것이다. 가급적 상급기관이나 임명권자에게 좋은 사람으로 알려지기를 바란다. 이런 의지가 약한 CEO 밑에서는 할 수 있는 일이 아무것도 없다. 조직에서 궂은일을 하다 보면 때로는 본인의 진정성 여부와 상관없이 다른 사람으로부터 오해를 살 때가 많다.

이럴 때 CEO가 달콤한 말에 부화뇌동하여 그 진정성을 의심하는 경우 아무리 올곧은 생각을 갖고 조직구성원의 신망을 받는 사람이라도 희생양이 되기 마련이다.

그만큼 단 소리는 달콤하기 때문에 의지가 약한 CEO가 견디기는 정말 어려울 것이다. 그러나 얼마 지나지 않아 곧 속았다는 사실을 알고 후회하겠지만.

동서고금을 막론하고 귀에 단 소리만 하는 사람을 중용했다가 결국 역사의 뒤안길로 사라진 예가 너무나 많았다. 두 가지의 예를 들고자 한다.

진시황제가 이루어 놓은 공든 탑을 무너뜨린 장본인이 바로 진나라 때 환관 조고이다.

그는 황제의 혓속 사탕처럼 눈과 귀 역할로 절대 신임을 얻어 권력을 휘둘렀고, 황제 사후에는 유서를 위조하여 자신의 입맛에 맞는 호해를 옹립하고 지록위마(指鹿爲馬)라는 고사성어가 만들어질 만큼 엄청난 권력을 자랑하다가 결국 황제까지 살해하는 악행을 저질렀고, 또 다른 예로는 중국 후한 말 영제 때에 정권을 잡아 조정을 농락한 10여 명의 십상시가 있었다.

직원을 행복하게 하는 상사

역사서 후한서에 따르면 십상시들은 조정에서 막강한 권력을 행사하고 그들의 곁에서 훈육된 영제는 십상시의 수장인 장양을 아버지라 불렀으며 부수장인 조충을 어머니라 부르며 따를 정도로 이들 십상시는 막강한 황제 권력을 손에 쥐고 있었다. 이를 참고하는 지혜가 꼭 필요하다.

귀를 기울여라

역사는 사관(史官)만이 기록하는 것은 아니다.

조직의 역사 또한 누군가에 의해 기록되고 있는 사실을 알게 된다면 아마도 매우 놀랄 것이다.

특히, 최근에 발달한 SNS는 우리의 직장 및 개인의 소소한 일상을 누군가가 기록하고 전달하는데 엄청난 역할을 담당하고 있다. 객관성 여부에 따라 그 기록의 가치는 달라지겠지만 이렇게 쓰이고 알려진다는 사실만으로도 일부 조직구성원의 비판이 있을 수도 있지만 그렇다고 이런 비판을 두려워할 필요는 전혀 없다.

얼마 전 방영된 '계백' 드라마 내용 중 성충과 흥수, 그리고 은고라는 인물과 관련해서 한마디 하고자 한다. 그 내용이야 다 아는 사실이라서 다시 거론할 필요가 없지만 성충은 왕비 은고가 신라의 세작(간첩) 노릇을 해온 사실을 밝혀내고 백제에 용서를 구하라고 하지만 은고가 이를 거부하자 눈물로 간언하는 내용이 나온다.

그러나 은고는 자객을 시켜 성충을 살해해버리고 이를 눈치 챈 흥수는 성충을 살해한 범인이 은고임을 밝혀내지만 의자왕은 이를 덮으려고 한다. 성충이 살해되기 전 은고와의 대화에서 "왜 그런 어리석은 일을 했느냐고 다그치자, 은고는 태자인 자신의 아들을 위해서"라고 답한다.

철저하게 살아남아 자신의 아들이 왕이 되기를 간절하게 원하는 어머니의 모정이라고 이해할 수도 있겠지만 만일 의자왕과 은고가 개인을 버리고 나라를 생각했더라면 백제의 찬란한 문화를 500년은 더 꽃피울 수도 있었을 것이라는 생각을 해보았다.

그의 아들이 왕이 되는 것은 당연한 일이고…….

참 안타까운 일이다.

CEO가 새로 바뀌면 자신의 경영철학을 달성하기 위해 자신과 생각이 같은 사람들을 발탁하여 전면에 내세우는 것이 일반적인 일이다.

나는 그동안 CEO 가까이에서 진언할 수 있는 위치에 있었음에도 제대로 이를 보필하지 못한 경험을 갖고 있다. 본부 국장으로 있을 때 사업담당 임원으로 직접 모시던 분이 CEO로 발탁된 적이 있었다.

그러나 그분은 임기를 마치지 못하고 중간에 물러나셨는데, 정확한 이유는 알 수 없지만 아마도 당시 국회의원 후원금 모금과 관련된 잡음이 일부 영향을 미친 것이 아닌가 생각한다. 그분은 따뜻하고 인정 많고 부드러웠지만 그 인정으로 인해 결단력이 다소 부족하다는 평가를 받았다. 아마도 조직의 수장으로 만나지 않았더라면 정말 좋은 관계였을 것이다.

그분이 그만둔 후 얼마가 지나서 식사를 모셨는데 그때 자리에 앉으면서 "그동안 경청하지 않아 미안합니다. 결국 이렇게 되었습니다."라는 말에 나는 "죄송합니다. 정말로 제가 죄인입니다"라는 말밖에 할 수가 없었다.

직원을 행복하게 하는 상사

당시에 그분이 CEO가 되자 일부 직원들은 발 빠르게 움직였다. 기획실 쪽 직원들과 사업국 쪽 직원들의 입장이 많이 달랐던 것 같다. 아무래도 사업담당 임원이 CEO가 되다 보니 사업국 쪽 직원들이 주요 보직을 다 차지할 것이라는 소위 '카더라 통신'이 난무하였다. 이런 오해 속에서 인사를 단행하는 것은 조직발전에 적절치 않다는 생각으로 다음 정기인사 때까지 미루는 것이 좋겠다는 말씀을 드렸고 그 건의가 받아들여졌다. 그러나 지금 생각해 보니 그 건의가 잘못된 것 같아 후회스럽다.

그 당시는 정권 출범 초기라서 하루가 다르게 변화하는 시기이다 보니 나름 자신을 받쳐줘야 할 사람이 정말 필요한 중요한 시기였다. 이런 과정 속에서 나는 주요보직을 제의받았지만 선뜻 내키지도 않았고, 또한 이를 감당할 자신이 없다는 이유를 들어 사양하였다. 아울러 다른 간부들도 내가 그런 자리에 가는 것을 상당히 탐탁하게 여기지 않았었다는 말을 나중에 들었다.

아무튼 그러면서 시간은 흐르고 있었다.

연초 정기인사 시기가 되어 일부 직원을 전진 배치하는 것으로 인사가 마무리 되었다. 한번은 식사 한번 산다고 하여 다른 핵심간부와 같이 음식점에 갔는데 거기서 조직운영과 관련하여 다소 무례하지만 심한 말씀을 드린 적이 있었다.

당시 CEO가 어떤 간부로부터 명절 선물을 받았다는 소문이 있어 그 진위 여부와 상관없이 "이유야 어떻든 그런 소문이 도는 것만으로도 식물인간이 됩니다." 즉, 선물로 인해 조직 운영의 정당성이 훼손되면 끝장입니다"라는 말이다. 그때 얼굴이 많이 붉어지셨고 묵묵히 듣기만 하셨다.

CEO가 되기 이전에는 중요한 사안에 대해서는 그간의 신뢰를 바탕으로 논의하는 관계였는데 그날 이후부터는 그런 일은 점점 그 빈도가 줄어들고 있었고 나 또한 이에 서운함을 갖고 일부러 멀리하려는 태도를 취하였다.

권력의 맛을 보면 사람이 달라진다는 말이 있는데 벌써 그 맛에 흠뻑 취하신 것은 아닌지 하고……. 오해가 앞섰다.

직원을 행복하게 하는 상사

그때 좀 더 직언하는 방법을 고민하고 다른 방법으로 더 가까이 다가가 진심으로 보필했었다면 어떻게 되었을까? 하고 한번 생각해 보았다.

어느 조직이나 대부분 CEO가 바뀌면 처음에는 조직구성원들 간에 권력을 향한 주도권 다툼이 일어난다고 한다.

물밑에서 알게 모르게 권력을 선점하려는 노력들이 분주하게 이루어지는 것이다.

이를 제대로 헤아리는 노력과 혜안, 이것이 그리 어려운 일인가?

상사의 역할이 중요하다

처음 입사하면 근무환경이 낯설다 보니 입사한 사람들끼리 모여서 밥도 먹고 고단한 직장생활의 애환을 달래는데 이를 동기모임이라 한다. 그리고 같은 부서 모임, 더 나아가 같은 사무소 근무자 등으로 확산되어 가는데, 여기서 만난 동료, 상사 등이 하나의 네트워크를 형성할 수 있다. 사람이 모이는 곳에서 볼 수 있는 당연한 현상이다.

학습 및 스포츠 동호회 등의 긍정적인 관계는 조직발전에 크게 기여할 수 있어 이들의 모임에 일정 비용을 지원하며 권장하는 회사도 많다.

그러나 이들의 인적 네트워크가 특정인들의 이익집단으로 변질되어 조직을 왜곡시키는 경우도 종종 있다. 같이 근무했던 상사를 중심으로 권력을 나누고 라인을 만들어 밀고 당기고, 그러면 정말 큰일이다.

그래서 상사의 역할이 그만큼 중요한 것이다.

그 역할에 따라 조직의 미래는 크게 달라질 것이다. 경쟁상대에 대해서는 정보를 왜곡하고 음해하는 반면, 자기편에는 유리한 루머를 은밀하게 생산하는 경우도 있다.

조직에서 간부라 하면 조직의 발전과 더 나은 미래를 만드는 것이 자신의 중요한 역할이라는 점을 인식하고 실천하는 성향을 지녀야한다. 간부가 인재를 보는 눈이 없고 조직 내 파벌 만들기에 열중한다면 간부로서 자격이 없다.

이런 상사가 있다면 이를 찾아내어 불이익을 줘야 하고 줄서기에 동참하는 직원들은 적발하여 지도해야 하는 것이 감사담당자의 제대로 된 역할이라 생각한다. 그대로 그냥 방치하면 악습이 조직 전반으로 스며들어 오히려 이에 참여하지 않는 직원들이 피해를 보게 되는 악순환이 되풀이 될 것이다.

일관성을 유지하라

어느 조직이나 조직을 운영하려면 일정 룰을 정하기 마련인데, 그것이 바로 원칙이다. 이 원칙은 그 조직구성원이 지켜야 할 최소한의 규범으로, 반드시 합의가 전제되어야 한다.

공공기관의 경우 이 원칙이 바로 각종 규정이다. 이런 규정이 어느 특정인의 이익을 위한 규정이 되어서는 안 된다. 이는 직급의 높고 낮음에 상관없이 조직구성원 누구에게나 동일한 기준으로 공평하게 적용되어야 한다.

즉, 일관성의 유지. 이것이 가장 중요하다.

CEO 또는 인사 운영자가 누구냐에 따라 그때그때 적용 잣대가 달라지면 조직 운영의 정당성을 잃게 되고 그 생명을 단축시키게 된다. CEO와 조직을 지탱하는 핵심간부가 원칙을 준수하여야 할 책임이 바로 여기에 있는 것이다.

조직이 살아남아야 우리들의 자리가 있는 것이다.

요즘은 어느 기관이나 성과평가를 하는데 아직까지 정확한 평가기준이 확립되지 못한 것은 사실이다. 그러나 처음보다는 점점 더 나아지고 있으니 그래도 다행이라 생각한다.

성과평가 시행 초기의 일이다. 성과평가에서 1등을 하면 그 기관의 부서장을 상위직급으로 승진시켜야 한다고 주장하는 임원과 간부들이 있었다. 승진기준을 마련하는 인사위원회에서 나온 이야기다.

나는 이에 강력하게 반대를 하였다. 이미 특정인을 승진시킬 요량으로 적용기준을 짜깁기한다는 소문이 나있는 터였다. 그리고 그동안 적용해온 규정이 있는 데 친소관계가 있는 특정인을 위해서 종전 것을 버리고 마치 새로운 인재선발 과정을 도입한 것인 양 포장하는 얄팍한 꾀를 그대로 수용한다는 것은 비열한 짓이라고 판단하였다. 이는 그간의 근무평정 등 승진심사기준을 무력화하는 것이나 다름없었다. 정말 말 그대로 성과만 높여 1등만 하면 되는 것이다.

성과평가기준이 객관성을 가졌다거나 공감할 수 있는 목표 및 기준과 경력직원의 배치가 골고루 적용되었다면 이해할 수 있는 부분도 있다. 전혀 그렇지 못한 인사와 목표를 설정하고 불현듯 그 결과를 적용하겠다고 하면 얼마나 부작용이 많겠는가? 인사기준에도 없는 내용들을 여론몰이 식으로 밀어붙여 특정인에게 이익을 준다면 있을 수 없는 일이다. 그런 논리라면 1등한 부서의 전 직원을 모두 승진시켜야 한다 해도 달리 할 말이 없을 것이다.

결국 3~4시간 동안의 논란을 거듭한 끝에 나의 주장대로 승진 반영 점수에서 성과평가가 차지하는 비율을 10% 정도로 정하였다.

사전에 일정 기준을 정하지 않고 그때그때 사람을 봐가면서 여론몰이에 따라 적용되는 기준이라면 조직구성원은 이에 절대로 동의하지 않을 것이다.

학연·지연을 초월하라

어디를 가나 끼리끼리가 문제다. 얼굴을 전혀 모르는 사이면서도 같은 학교, 같은 지역 출신이라는 이유로 서로 밀어주고 끌어주는 이런 현실이 정말 안타까울 따름이다.

누구는 우스갯소리로 대한민국에서 가장 결속력이 강한 집단이 해병대, ○○ 향우회, ○○ 동문이라고 한다. 우리는 과거와 현재의 정권에서도 ○○ 상고 출신 어쩌고 하는 것을 신물 나게 들어왔다. 그러나 직장에서, 사회에서 이런 말들이 사실이라면 정말 큰일이다.

특정 집단끼리 똘똘 뭉쳐 권력을 독점하고 다른 집단을 배척하면 처지가 바뀌게 되었을 경우 그들 역시 같은 짓을 되풀이 할 것이고, 그 어렵게 쌓은 권력, 그들은 모두 다 뽑아 버릴 것이다.

권력의 무상함을 비유할 때 "화무십일홍(花無十日紅)"이라고 한다. 권력이 얼마나 무상한지는 역사가 이를 증명하고 있다.

패거리를 지어가며 권력 같지도 않은 권력 나누는 짓. 이제는 그 만하자. 조직의 역사는 반드시 우리들의 공과(功過)를 기록할 것 이다.

직장생활은 당당하게

'까마귀 노는 곳에 백로야 가지마라.' 이는 어린 시절 의미도 모르면서 외운 대표적인 고려 말 충신 정몽주 선생의 임금에 대한 충절을 노래한 시조이다.

나는 직장생활을 당당하게 하라는 의미로 해석하고 싶다. 당당하게 능력껏 근무하다 보면 반드시 기회는 오게 마련이다.

특정 간부 밑에서 종노릇을 해가며 권력의 부정한 단맛을 조금 맛보는 짧은 순간은 매우 달콤할 것이다. 그러나 이것이 얼마나 부질없는 사실인지를 곧 알게 될 것이다.

"저 사람, 누가 봐줘서 이번에 승진 했어" 이 얼마나 굴욕적인 말인가. 그냥 성실하게 일하다 보면 승진하게 되는 것이다. 괜히 줄서서 사람대접도 못 받는 그런 유치한 행동은 그만하자.

그러다가 정작 올라가지도 못하고 끝날 수도 있다. 대부분은 그렇게 끝나게 되어 있다.

마음에서 나오는 행동은 권위를 손상시키지 않는다

오래전에 퇴임하신 임원께서 말씀하신 일화를 소개하고자 한다.

휴일 날 사무실에 나왔다가 갑자기 손님이 찾아와 차를 대접해야 하는데 아무도 없어 난감하던 차에, 지나가는 직원에게 부탁했더니 단호하게 "제가 왜 차 심부름을 합니까?" 하고 거절하더라는 이야기를 들었다. 물론 대화과정에서 오해가 있을 수도 있다. 그 직원의 자존심을 상하게 했을 수도…….

그렇다고 그 직원을 두둔하기도 좀 그렇다. 상사를 떠나서 나이로 보나 경력으로 보나 아버지 같은 분의 부탁을 그렇게 냉정하게 거절할 수 있는 것인지? 과연 그것이 자존심을 지키는 것인지 묻지 않을 수 없다.

전에 다녔던 직장에서의 일이다. 나의 직장상사는 항상 8시 이전에 출근하였고, 대부분의 직원들도 비슷한 시간에 출근을 했다. 그 당시는 여직원이 커피를 한 잔씩 타서 돌리는 것이 일상화되어 있었기 때문에 커피를 마시려면 거의 1시간 이상을 기다려야 했다. 여직원은 매일 야근하다 보니 거의 9시가 다 되어서 출근하기 때문이었다. 나도 처음에는 당연히 그 여직원을 기다렸으나, 어느 순간부터는 스스로 물을 끓여 커피, 프림, 설탕을 일정 비율로 넣어서 직원들에게 커피를 돌렸다. 당시에는 일회용 커피가 나오기 전이라서 각자 취향에 맞게 커피를 즐기던 시절이었다. 처음에는 상사를 포함한 동료 직원들이 나의 커피 서비스에 미안해서 어쩔 줄을 몰라 했다. 그러나 시간이 지나면서 이러한 일은 자연스럽게 일찍 출근한 사람의 몫이 되었다.

순수한 마음에서의 행동은 곧 자신의 품격을 높이는 일이다. 직장생활 중에 아주 사소한 일로 감동을 받는 일이 허다하다. 요즘은 인사이동으로 직원들이 오고 가도 책상 위에 쌓인 먼지 청소는 온 사람 몫이 되어버린 지 오래이다. 이를 신경 쓰는 사람이 거의 없다. 참으로 각박한 조직 인심이다.

상사나 동료직원이 인사이동으로 바뀌었을 때 아침에 출근해 보니 자기 책상에 그대로 먼지 등이 쌓여있다면 과연 기분이 어떠할까? 반대로 누군가가 깨끗하게 치워주었다면……, 세상을 사는 정이 바로 이런 것이다. 그래야 어려울 때 힘을 모을 수 있다.

이를 신입사원은 상사를 통해 배워야 하고 이에 따르지 않는 직원은 혼을 내서라도 제대로 가르쳐줘야 한다. 그러나 요즘은 아무도 말하는 상사나 동료가 없다. 그저 못 본체 할 뿐이다.

지나친 음주는 신뢰를 떨어뜨린다

적당한 음주는 분명 조직생활에 활력이 될 수 있지만 과음은 오히려 자신의 신뢰를 추락시키는 역할을 한다. 절제하는 습관이 필요하다.

최근에는 여성들의 사회참여가 활발하다 보니 어느 직장이나 남성보다 여성 비율이 더 많은 경우가 흔하다. 그러다 보니 장점도 많지만 불미스러운 일이 간혹 발생하곤 한다.

성희롱, 성추행 등의 근절을 위해 많은 교육을 받고 있지만 술 한 잔 하면 통제가 안 되는 상사들도 간혹 나타난다. 평상시에는 조용하다가도 술 한 잔 하면 사람이 대담해지고 그러다 보면 실수를 하게 된다.

얼마 전 어느 정치인이 여대생들과의 회식모임에서 부적절한 발언으로 큰 곤욕을 치른 적이 있다.

공인(公人)은 공적(公的)인 자리는 물론, 사적(私的)인 자리에서도 성적농담 및 이와 유사한 발언은 하지 말아야 한다. 이런 말들은 음주를 이유로 축소 및 용납이 될 수 없다고 생각한다.

얼마 전 대학에 입학한 아들에게 이런 말을 했다. 적당한 음주는 인간관계에 있어서 약이 되지만 과음은 독이 되니 조심하라고. 그동안 쌓은 노력이 한 순간에 무너지는 아픔을 겪지 않으려면…….

이는 자식을 둔 부모님들의 한결같은 바람일 것이다.

자리에 연연하지 말라

지금 내가 앉아 있는 '이 자리' 이것은 내 자리가 아니다. 같이 돌아가면서 앉는 공동 의자이다. 지금은 다만 내가 주인일 뿐이다. 그런데 자꾸만 평생 내 자리로, 나와 가까운 사람들의 자리로 착각하는 사람들이 있다. 몇 년 지켜내지도 못하면서 말이다.

대부분 전국 단위의 조직을 가진 기관은 수도권에서 어느 정도 근무하면 지방 근무를 해야 하는 순환 보직이 원칙이다. 그러나 집에서 멀리 떨어져 근무하는 것에 대해 많은 사람들이 신체적, 경제적, 심리적인 이유로 서로 기피하고 있다.

그러나 여기서 분명한 것은 내가 안가면 다른 사람이 반드시 가야 한다는 것이다. 그 사람은 정말 억울하다고 할 것이다. 우리는 자녀와 본인의 병역기피 의혹 등으로 인하여 주요 공직에서 낙마하는 분들을 수없이 보아 왔다. 이들과 다른 점이 무엇인가? 나는 크게 다르지 않다고 생각한다. 정도의 차이일 뿐이지……

정말 공정한 룰이 필요하다. 어차피 순환 보직인데 명확한 기준도 없이 누구는 평생 수도권에서, 누구는 평생을 지방에서 근무하도록 하는 등 계속 특정인의 희생을 강요한다면 누가 그런 엉터리 조직을 위해 충성을 하겠는가?

내가
만드는
행복한 직장

PART 4

발상의 전환이 필요하다.

승진하기 위해 일을 하는 것이 아니라, 열심히 일을 하다 보니

승진이 되더라고…….

정의와 현실에서 갈등할 때

바른 말을 바르게 해줄 수 있는 동료, 선배, 후배 등과 함께 하는 삶

발상의 전환이 성공을 부른다

직장인이면 누구나 승진에 많은 관심을 갖게 마련이다. 다만, 정도에 따른 약간의 차이가 있을 뿐. 직원들에게 직장생활에서 가장 행복한 일이 무엇인가 하고 물었더니, 월급 오르는 것보다 승진이라고 대다수 직원이 대답하였다.

승진하면 월급이 오르는 것은 당연하지만…….

승진을 위해 열심히 일하는 것, 어찌 보면 당연한 일이지만 이런 마음으로 일을 하다 보면 금방 지치게 되고 승진이 안 되었을 경우 낙심이 커질 수도 있다.

따라서 우리는 발상의 전환이 필요하다. 승진하기 위해서 일을 하는 것이 아니라 열심히 하다 보니 승진이 되더라고. 승진보다는 일에 승부를 거는 것이 승진으로 가는 지름길이라 생각한다.

직장생활의 의미

　　직장생활의 처음은 낯선 주변 환경, 익숙하지 않은 일 등으로 인하여 적응하는데 상당기간이 필요할 것이다. 익숙해지더라도 순간순간의 과정은 힘든 역경의 연속이다.

　　이런 힘든 과정을 인내하며 내가 직장에 다니는 진짜 이유는? 먹고살기 위해서? 아니면 일을 통해 보람을 찾으려고? 체면상 후자라고 대부분은 말할 것이다. 여러분의 진짜 속마음은 무엇인가? 전자라 해도 부끄러울 일은 아니다.

　　그만큼 먹고사는 것이 정말 중요하다. 사람은 누구나 의식주와 관련된 기본적인 욕구가 해결되면 순차적으로 삶의 의미, 보람,

자아실현 등의 욕구를 추구하게 된다. 그러면서 더 큰 인생의 비전 (꿈)을 만드는 것이며 우리는 그 비전 달성을 위해 노력하고 있다.

따라서 직장 초년생 시절부터 직장생활의 의미를 찾는데 너무 서두를 필요가 없다. 열심히 살다 보면, 시간이 지나면서 서서히 그 개념이 정립될 것이다.

어명(御命)까지 거역할 수 있는 진정한 용기

임진왜란 당시 선조임금은 삼도수군통제사 이순신에게 부산포에 주둔하고 있는 왜적을 치라는 어명을 내린다. 그러나 이순신은 이 어명이 전장의 적과 아군의 실태를 정확하게 파악하지 못한데서 비롯된 명령으로 판단하고 이를 거역하여 큰 고통을 당하였다.

그는 뻔히 패(敗)하는 전쟁을 무모하게 치러 백성의 피를 흘리기보다는 본인이 벌(罰)을 받더라도 임금의 명을 어기는 선택을 할 수밖에 없었다.

최근에도 공정하지 못한 CEO, 고객과 소통하지 못하고 자신의 영달만 추구하는 CEO와 관련한 기사가 1면을 장식하고 있다. 그들에게 진언(眞言)과 직언(直言)은 생선의 가시와 같고 교언(嬌言)은 달콤한 사탕과 같았다.

특히 그들의 대부분은 일등주의에 함몰되어 자만과 독선으로 가득하여 오르지 자신만이 옳고 그름을 정확하게 판단할 수 있다는 오만에 빠져 있다. 이런 그들에게 아무리 좋은 건의나 제안을 해도 알아듣지 못할 뿐만 아니라 관심조차도 없다. 오히려 직언을 한 간부가 바보가 될 뿐이다.

진정한 소통은 소신 있는 직언이나 진언을 대범하게 수용하고 오히려 이를 격려할 때만이 가능한 것이다. 듣기보다는 말하기 좋아하는 태도로 일관하는 CEO와는 절대로 소통이 원활할 수 없다.

내가 만드는 행복한 직장

고생총량의 법칙을 믿으라

누구나 직장생활에서 감당해야 할 '고생의 양'은 비슷하다고 생각한다. 따라서 처음 고생의 양에 따라 남은 직장생활을 순탄하게 할 수도 있고 어렵게 할 수도 있다. 나는 이를 고생총량의 법칙이라고 부른다.

처음에 입사해서 3년 정도 역경을 극복하고 열심히 일을 배우다 보면 처음에는 많이 힘들지만 일하는 습관이 몸에 배고 나면 나중에는 다른 직원과 똑같은 시간을 사용하고도 더 짧은 시간 내에 해낼 수 있을 정도로 업무처리가 익숙해진다. 이 일이 반복되면 자연스럽게 상사의 눈에 띄게 되어 조직에서 능력 있는 사람으로 인정받게 될 것이다.

반대로 처음에 일을 대충대충 하는 습관을 들이면 나중에는 일을 열심히 하려고 해도 시간만 소요되고 상사가 원하는 일을 제대로 해내지 못해서 상사에게 지적당하고 신입직원 등에게도 밀리게 된다. 이렇게 되면 자연스럽게 조직에서 도태 당하기 마련이다.

처음 3년이 고비다. 이를 잘 극복하면 인정받는 직장생활을 할 수 있지만 그렇지 못하다면 다른 직장에 가서도 인정받기는 어려울 것이다. 어느 조직이나 모두 다 환경이 비슷한 거니까.

약점은 보완하고, 장점은 더욱 살리자

사람의 첫 이미지는 대인관계에서 상당한 영향을 미친다. 이는 직장생활에서도 마찬가지이다.

업무능력은 일하는 과정 과정에서 검증되는 것이므로 일단 접어두고, 첫인상을 구성하는 말하기, 태도, 머리스타일, 옷차림 등에서 상사나 동료 등 주변 사람들에게 부정적인 평가를 받았다면 이를 만회하는 데는 상당한 시간이 소요된다.

부정적인 이미지는 1분이면 상대방에게 각인되지만 이를 불식하기 위해서는 1시간 이상의 긴밀한 대화가 필요하다는 말이 있다. 그만큼 일과 무관하게 첫인상을 중요하게 생각한다.

재차 강조하지만 첫 이미지가 손상되면 아무리 일을 잘해도 인정받는 데는 많은 시간이 걸린다.

따라서 자신의 약점이 무엇인지를 잘 파악하여 미리 이를 보완하고 반대로 장점이 있다면 이는 더 발전시키는 노력이 필요하다.

만약 혼자 연습해서 극복하기 어렵다면 전문기관의 도움을 받는 것도 현명한 방법이다.

마이크 울렁증으로 인해 타인의 시선 앞에 나서기를 두려워하는 친구의 예를 들자면, 직장에서 프레젠테이션을 하는데 갑자기 머리가 텅 빈 것 같은 느낌에 자신이 하고자 하는 말을 하나도 하지 못했고, 간부가 되어 처음 방송 인터뷰를 했을 때는 30초 분량의 인터뷰 내용을 거의 1시간 정도 땀을 뻘뻘 흘리면서 녹화를 끝낸 적이 있다는 것이다.

그런 이유로 발표력을 전문적으로 가르치는 학원에서 1주일에 1회, 대략 2시간 정도를 꾸준히 연습했더니 3개월 정도가 지나면서 조금씩 달라졌다고 한다. 사실 마이크라는 것은 말하는 것을 도와

주는 도구에 불과한 것인데도 괜한 울렁증에 떨었던 것이다. 지금은 그런 울렁증을 많이 극복했다고 한다.

발표하고 토론할 때 두렵고, 얼굴이 빨개지고 두근거려 정작 자신이 하고자 하는 말을 상대방에게 전달하지 못한다면 아무리 업무 능력이 뛰어나도 소용없을 것이다.

21세기는 표현의 시대이다. 자신의 잠재 능력을 계발하여 꾸준히 알려야 한다. 자신이 갖고 있는 실력을 충분히 발휘하기 위해서는 발표 불안 등을 하루 빨리 극복하는 노력을 해야 할 것이다.

본부에서 근무할 때 타 부서에서 협조사인을 받으러 온 직원에 대한 이야기를 하고자 한다.
사실, 처음에는 그 직원 이름도 몰랐는데 당당하면서도 품격 있는 태도가 돋보였고, 설명하는 말솜씨에 반해버린 적이 있다. 별것 아닌 걸로 생각하는 사람들이 많을 수 있겠지만 다른 사람들과는 많은 차별성이 있었기 때문에 그 직원을 기억하게 되었고 다른 국장에게도 그에 대한 이야기를 자주하곤 했다.

당장 그 직원의 업무능력, 인간관계 등을 잘 알지도 못하면서도 조리 있는 언어 표현에 왠지 일을 잘할 것 같은 신뢰, 이런 것이 형성 되더라.

그리고 또 다른 일화는 얼마 전 인근 평생교육원에서 삶을 주제로 한 특강이 있어 참석하게 되었는데, 초청강사가 바로 내가 아는 분이어서 매우 놀란 적이 있다. 장애인시설에서 시설장의 직위를 가진 젊은 여성분이었는데 그에 대해 내가 가진 첫 인상은 단아하고 청순한 이미지여서 다소 호감이 가는 정도였고 그가 하고 있는 일에 대해 젊은 사람이 좋은 일을 하는구나 하는 정도였었다.

그는 전직 교사 출신으로 사회복지 분야의 일이 좋아서 안정적 직업인 교사를 그만두고 현재의 직업을 가지게 되었고 이와는 별개로 인근 대학에서 강의도 하고 CS교육 강사로도 활동하는 등 열정을 보이고 있다.

장애인시설의 원활한 운영을 위해 기업체를 찾아다니며 직접

일감도 구하고 생산까지 해서 판매하는 일, 그리고 장애인 직원들의 월급까지 직접 챙겨야 하는 중소기업 사장과 같은 역할만으로도 힘이 벅찰 텐데 또 다른 전문 분야에서의 열정은 내면의 이지적인 기품이 더해져 그를 더욱 돋보이게 하였고 그가 살아온 삶에 대한 열정이 부러웠다.

그래서 그런지 그날의 특강은 어느 유명한 사람의 강의보다도 더 가슴에 와 닿았다. 그 여운은 집에 돌아와서도 한동안 가시지 않았다.

하는 일에 정성을 다하라

목적은 수단을 정당화 하는 힘이 있다. 따라서 일을 추진하기 전에는 항상 목적이 정당한지를 살펴야 하고, 일을 시작한 후에는 정성을 다해야 한다.

하는 일에 정성을 다하면 그 결과는 자신이 원하는 대로 돌아오고 그렇지 않으면 정반대의 결과로 돌아온다.

여기서 분명한 것은 옳다고, 중요하다고 한 일에 대해서는 남들 눈 의식하지 말고, 또 남에게 미루지 말고 정성을 다하자.

그러면 그 결과는 반드시 자신의 뜻대로 돌아온다.

상사가 두려워하는 직원이 되라

부하직원이라고 해서 다 같은 것은 아니다. 업무능력이 뛰어나고 소신과 원칙을 견지하며 일을 수행하는 직원과, 이보다는 주로 대인관계를 기반으로 '좋은 게 좋다는 식'으로 업무를 처리하는 직원이 있다면 전자의 경우는 상사가 다소 부담스러울 수도 있지만 이에 개념치 않고 중요한 일을 맡기고 신임하지만 후자의 경우는 즐거운 직장동료로만 존재할 뿐이다.

소신과 공정한 원칙하에 업무를 수행하는 직원에 대해서는 비록 상사라 하더라도 한 번 더 생각하고 더 신중하게 대할 수밖에 없다.

이런 깐깐한 직원에게 실수하면 상사의 업무능력이 드러나 오히려 체면이 손상되는 일이 발생할 수 있기 때문이다.

상사가 두려워하는 직원이 바로 이런 직원이다. 이런 직원은 항상 공정하고 소신과 원칙을 지키기 때문에 조직에서 인정받아 자신이 원하는 보직을 선택할 수 있는 기회도 온다. 같이 근무하길 원하는 상사가 줄을 이을 것이다.

그러다 보면 일시적으로 주변의 질시와 모함을 받을 수도 있지만, 조직의 대다수는 이미 그의 진정성을 알고 있으므로 전혀 걱정할 필요는 없다.

선비의 기개를 배워라

임금의 실정(失政)에 직언을 간(諫)하고 이를 저버리는 경우, 모든자리를 버리고 고향으로 내려가 후진을 양성해 왔던 조선 선비의 기개(氣槪)는 정말 배울 만하다.

곧 사약을 받을 것을 각오하면서도…….

하물며 요즘 같은 세상이야 누가 사약을 내리는 것도 아닌데 왜 불의에 할 말을 못하는지 참으로 안타까울 따름이다.

상사의 불공정한 지시에는 절망하지 말고 당당하게 대응하자. 당당한 경우, 당장은 신상에 다소 불이익이 있을 수 있지만 시간이 지나고 나서 보면 반드시 불이익이 되는 것은 아니라는 것을 알게 될 것이다.

원칙을 존중하고 업무처리에 공정하면 항상 당당할 수 있고 이 세상에서 무서울 것이 없다.

소신 있는 업무처리의 좋은 예가 있어서 소개하고자 한다.

이 사례는 내가 입사 이전의 일로 후에 직원들을 통해 알게 되었다. 별명이 '180칼'이라는 간부직원이 있었는데, 그는 간부회의에서도 상사의 눈치를 보지 않고 바른 소리를 하기로 유명했다.

당시 새로 부임한 이사장은 공단 숙원사업인 본부건물을 건립할 목적으로 정치권의 연줄을 이용하여 건립예산을 확보한 후 강동구 명일동에 위치한 특정 부지의 땅을 매입하도록 지시했으나 이 업무를 수행하는 '180칼(키가 180cm인 사람이 업무에 있어서 맺고 끊는 것이 칼같이 단호하다는 뜻에서 붙여진 별명)'이라는 직원의 판단은 달랐다.

그는 공단 본부가 들어서기에는 부적합한 땅이라고 매입을 보류시켜 버렸고, 이 같은 사실을 안 이사장은 면전에서 수차례 면박을 주는 등 압박을 하였지만 이에 굴하지 않는 기개를 보였다. 당시 동료직원들 조차도 그냥 웬만하면 이사장 뜻대로 하라고 조언했지만 그는 무려 2년여 동안 이사장을 설득하여 지금의 분당에 공단 본부가 자리를 잡게 되었다.

얼마의 시간이 흘러 그 직원이 토지매입을 보류한 이유에 대해 정확히 알게 된 이사장은 "본부 국장 말은 안 들어도 그 직원의 의견은 다 들어 준다"는 소문이 돌 정도로 그 직원을 신뢰하게 되었다고 한다.

당시 노동조합에서는 그 직원이 끝까지 소신을 굽히지 않고 당당하게 일하지 않았다면 우리 공단은 막대한 손해를 입을 수밖에 없었을 거라는 대자보를 붙인 일화도 있었다.

소소함의 감동

    직장은 인생의 절반을 차지하는 공간이다. 그런데도 자기 나름대로의 목표를 이루기 위해 동료 간에 경쟁을 하게 되고 그 경쟁 속에서 갈등을 빚는 경우도 빈번하다. 하지만 직장 내에서 서로 인간적인 신뢰를 나눌 수 있는 동료가 있다면 그것만큼 행복한 직장생활이 또 있겠는가.

    그동안 나는 같이 근무했던 직원들과 자주 전화를 주고받는다. 가끔 전화를 걸어 서로의 안부를 묻는 것은 어찌 보면 참 소소한 일이다.

누구에게나 직장생활을 하면서 자신만의 관계의 비법이 있을 것이다. 명절, 승진, 연말연시 등 특별한 날에만 전화하는 것보다는 평범한 일상에서 하는 전화 한 통의 안부인사, 간단한 것 같지만 사람들은 의외로 크게 감동하는 것 같다.

일을 하다가도 문득 눈에 들어오는 구름을 보고, 길을 걷다가도 주변의 아름다운 꽃을 보고 문득 생각나서 전화로 편하게 서로의 안부를 물을 수 있다는 것 그 이상 소중한 관계가 있을까 생각한다.

같이 근무했던 직원으로부터 받은 가장 소중한 편지이다.

올해 한해는 개인적으로 즐거운 일이 많았습니다.

가정적으로 신랑의 석사학위 취득, 우리의 보금자리 마련, 시어머니와의 갈등 해소, 사랑하는 아들 00이가 영리하고 건강하게 잘 자라주었고, 일적으로는 고용촉진업무에 대해 자부심과 자신감을 갖게 되고, 해외연수도 다녀오고 지사 내 좋은 사람들과 좋은 인연을 맺었거든요. 힘든 만큼 성숙해지는 시간도 있었으니 잊을 수 없는 한해가 될 것 같습니다.

부장님은 2006년은 어떤 한해셨나요?

제가 쓴 서툰 책을 끝까지 읽으시고 feedback까지 주시고 고용촉진업무를 거의 해 보지 않아 잘 모른다며 전보가시기 전 걱정하셨던 모습이 떠오릅니다.

반면 올 한해도 굵직한 사업들을 너무도 잘 해내셨지요.

내가 만드는 행복한 직장

제가 지사에서 일하며 느끼는 한계나 좌절감에 대해 마치 대답이라도 주시듯 사업에 대한 의지를 표현하실 때면, 전 다시금 힘을 내어 일하곤 했던 것 같습니다. 부장님을 통해 공단의 가능성을 믿게 된다고 하면 건방진 생각일까요?

부장님.. 다시금 꿈의 새해가 다가옵니다.

늘 건강하시고, 가정에 행복과 웃음이 함께 하시길 기원합니다.

새해 복 많이 받으세요.

2006년 12월 29일

김 00올림.

터놓고 이야기 할 수 있는 동료를 만들라

직장생활이 쉽다는 사람은 어느 누구도 없을 것이다. 묵묵히 하루하루를 견디는 것이 우리의 일상 삶이다. 때론 승진이 안 되어서, 가정사 어려운 일 때문에, 사랑하는 사람과의 연애문제로 괴로울 때 마음 탁 터놓고 이야기 할 수 있는 동료가 필요하다.

특히, 자신이 정의와 현실에서 갈등 할 때 '바른 말을 바르게 이야기 해줄 수 있는 사람'이 옆에 든든하게 버티고 있다면 얼마나 행복하겠는가?

남성이든 여성이든, 상사든, 부하직원이든 누구도 상관없다. 이미 성별과 상하관계를 넘어선 진정한 동료이기 때문이다.

인연을 소중히 하라

직장생활을 하면서 같이 근무한 인연은 부부 인연만큼 소중한 것이다. 특히, 같은 부서에서 부서의 사명을 달성하기 위해서 고통과 기쁨을 함께 나눈 시간들은 결코 잊지 못할 것이다.

불교에서는 전생에 3천 번 이상의 옷깃이 스쳐야 현생에 한번 만난다는 말이 있는데, 현재 이 시간과 공간에서 같이 근무하는 동료와는 전생에 얼마나 많은 옷깃을 스쳐야 했겠는가? 이런 인연은 다시 만들기 어려울 것이다.

따라서 비록 근무기간 중에 특별한 교감이 없었다 하더라도 같이 고생한 사람들끼리 서로 칭찬해주자. 좋은 일이 있을 때는 축하해주고 힘든 일이 있을 때는 서로 격려해주자. 그러면 직장생활에서 가정과 같은 많은 보람을 느낄 것이다.

부장 직위에 있을 때의 일이다. 특별한 장점이 없는데도 같이 근무했던 직원들은 나에 대해서 항상 칭찬을 아끼지 않은 것 같다. 그런 이유가 국장 승진을 하는데 있어 많은 영향을 미친것으로 생각하고 있다. 지금도 항상 고마운 마음을 갖고 있다.

나에게는 업무처리에 있어 평범한 원칙 하나가 있다. 일은 엄하게 하되, 사전에 방향성을 제시하여 시간을 단축하게 하고, 행정 원칙을 존중하면서도 그 처리에 있어서는 항상 유연성을 강조하고, 일의 결과에 대해서는 책임을 지는 자세를 견지하였던 점. 특히 부하 직원들로부터 술, 밥을 얻어먹지 않으려고 부단히 노력한 점. 기관 업무추진비 사용 등에 있어서 엄격했던 탓으로 직원들이 나를 좋아했던 것 같다. 좀 쑥스러운 일이지만...

지사에서 근무할 때 가끔 충무로에 나가 일부 직원들과 칼국수를 먹었다. 겉으로 보기에는 매우 낡은 집이었는데 멸치를 달여 만든 육수의 깊은 맛은 정말 일품인 칼국수 집이었다.

내가 만드는 행복한 직장

143

4명이 가도 15,000원이면 푸짐하게 먹을 수 있다. 칼국수 한 그릇을 앞에 두고 서로 인생에 대해 많은 대화를 나눈 것 같다. 당시 직원 중 유○○이라는 직원은 의리도 남달랐고 바른말도 잘하는 친구였지만 그런 그가 싫지가 않았다. 그러나 그는 지병의 악화로 지금은 고인이 되었다. 지금도 비 오는 날이면 가끔 그와 칼국수를 먹던 추억이 그립다. 지금도 그가 정말 많이 보고싶다.

또 다른 소중한 추억도 하나 있다. 부서회식을 마치고 인천에 사는 직원과 같이 지하철을 탔는데 그만 대화 도중에 살며시 그의 손을 잡은 적이 있다. 이야기 하다가 너무 좋아서 손을 꼬옥 잡은 것이다. 순간 그는 얼굴이 약간 빨개지면서 당황하는 기색이 역력하였다.

이성이 아닌 순수한 마음에서 너무 인간적으로 신뢰하고 좋아서 순식간에 그런 행동이 나온 것이다. 그도 이런 나를 이해해 줬다. 만약 서로 간에 신뢰가 없었다면 아마도 나는 나의 진심과 상관없이 공직에서 불명예로 옷을 벗어야 했을 것이다. 지금도 그 친구를 만나면 너무 반갑고 즐겁기만 하다.

다음 글은 같이 근무했던 유00님이 보내준 소중한 글이다. 지금은
고인이 되어 정말 안타깝다.

안녕하세요. 유00입니다.

인사가 늦었습니다. 연말에 연락 한번 드렸어야 되는데, 정말이지 지
난 2007년은 제 생애 잊을 수 없는 특히 다사다난했던 한해였던 것 같습니다.

제 개인적으로는 다니는 직장에 사직서를 냈고, 제 아내는 재입사를
했고 딸아이는 초등학교 진학으로 인한 환경의 변화에 적응해야만 했습
니다.

이렇듯 어렵고 힘든 일만 있었던 것은 아닙니다.

뭐니 뭐니 해도 가장 좋았던 일은 서울로 다시 이사를 왔는데 뜻하지
않게 주위에 좋은 이웃들은 만났다는 것입니다. 그리고 가장 중요한 것은
몸에 변화가 오는 것 같습니다.

국장님! 지금은 비록 난치성 불치병으로 하루하루를 힘들게 살아가고

있지만 언젠가는 제가 앓고 있는 불치병이 분명히 치료되는 때가 오겠지요.

요즘은 모든 것을 감사하는 마음으로 살아가고자 노력중입니다.

희망을 버리기에는 지금까지의 노력이 너무나 아깝고 제 나이 또한 젊습니다. 현실이 조금 힘들고 어렵더라도 "위기는 기회다"라는 문구처럼 지금의 이 시련을 현명하게 잘 극복하면 한 단계 더 도약할 수 있는 기회가 분명히 오리라 생각되어 집니다. 그날을 기다리며 노력중입니다.

또한 "꿈은 이루어진다"라는 얘기처럼 조용히 준비하고 노력한다면 분명 제가 생각한 대로 이루어지겠지요.

조용히 혼자서 이 생각 저 생각을 하다보면 여태껏 생각지도 못한 점을 깊이 생각하게 되고 지나온 날들의 잘잘못이 현재 상황인 듯 착각될 때가 한두 번이 아닙니다.

지나온 과거의 잘못을 머리 숙여 뉘우칩니다.

먼 훗날 이 시기를 아름답게 애기할수 있는 날이 왔으면 좋겠습니다.

끝으로 올해에는 제 몸이 깨끗이 치료되어 국장님께 감사인사 드리러

가고……

2007년도 마지막에 연락도 자주 못 드리고 아무튼 죄송합니다.

지면관계상 거두절미하고 2008년 한해 건강과 소원성취하시고 지나

간 2007년 고마웠습니다. 그리고 물심양면으로 보살펴 주신 점, 잊지 않겠

습니다. 감사합니다.

2008년 1월 27일

유 00 드립니다.

내가 만드는 행복한 직장

승진 및 포상 등과 관련하여 지방의 일부 간부들이 본부 국장이나 부장에게 자신의 부하직원을 청탁하는 경우가 종종 있다. 그 심정을 이해를 못하는 것은 아니었지만 내가 정한 원칙은 청탁받은 직원에 대해서는 포상대상에서 제외하는 것이었기 때문에 이에 따라 해당 부서는 그 직원을 사전 심사 없이 대상에서 배제시켜 버렸다.

그리고 외부에서 각종 지원 사업 선정과 관련한 청탁이 임원을 통해 전달되는 경우가 종종 있었지만 절대로 들어주지 않았다. 참으로 인정머리 없다고 할지 모르지만 나로서는 어쩔 수 없었다. 내가 스스로 세운 원칙을 나 스스로 깰 수가 없었던 것이다. 이런 일이 몇 년간 반복되면서 내가 본부 국, 부장으로 재직 시 청탁과 관련한 연락은 근절되었다고 생각한다.

공정한 원칙을 실천하다 보면 일부 직원에게 서운함을 줄 때도 있다. 그러나 그리 생각할 일은 아니라고 본다. 지금 당장은 서운하고 밉겠지만 시간이 지나고 나서 보면 모두에게 반드시 이익으로 돌아온다는 사실을 알게 될 것이다. 조금은 넉넉한 마음으로 헤아려 주었으면 좋겠다.

"정승집 개가 죽으면 문상객이 문전성시를 이루고 정작 정승이
죽으면 쓸쓸하기 그지없다"는 옛말이 있다.

이별의 문턱에서, 정작 전화나 메일이 올만한 사람들로부터 연
락이 없어 잠시 서운한 마음이 들었었다. 그러나 이러한 서운함도
잠시였다. 오히려 기대하지 않았던 많은 분들의 격려와 절절한 이
별의 아쉬움은 오히려 많은 위안과 힘이 되었다.

내가 만드는 행복한 직장

같이 근무했던 직원과 헤어지면서 받은 편지를 소개하고자 한다.

지사장님이 떠난다는 소식을 접하고

친구 은영이가 계속 떠올랐습니다.

은영이는

결국 하고 싶은 말을 하지 못한 채

하늘나라로 보낸

제 대학 절친한 친구입니다.

시시때때로 너무나 그리운 친구입니다.

이별 소식을 접하고 출퇴근하는

차 안에서 지사장님을 떠올리다

잠깐잠깐 눈시울이 뜨거워졌습니다.

내가 정말 존경하는 분이라는 걸 아실까,

언제 다시 뵐 줄 모르는 지사장님께

제가 얼마나 존경하는지 든든했는지

고백을 해야겠다, 생각이 들었다가

이제와 새삼스레 무슨,,이라는 생각도 들었다가

그렇게 결국 마지막 날이 왔습니다.

오늘 아침 출근길까지도 지사장님께 하고 싶은 말이

두서없이 머리 위를 둥둥 떠다니고...

지사장님에 비하면 아직 한참을 더 살아야 하고

또 알아야 할 세상이 한참이나 많은 나이이지만

저 또한 서른 중반을 넘기고 세상을 살다

들을 수밖에 없는 싫은 소리에,

욱함이 없이 웃고 말아야 하는 시간을 보내다 보니

좋다는 말, 감사하다는 말, 사랑한다는 말까지도

마음에 담아 두기만 하는 고약한 병에 걸리고

내가 만드는 행복한 직장

151

만 것 같습니다.

어제 송별회를 하면서 이런 생각이 들었습니다.

아,, 우리가 이 한해를 좀 더 힘차고 즐겁게

헤쳐 나가는 모습을 보였더라면

지사장님은 이 자리를 조금은 덜 답답해 하지지 않았을까..

저는 아무리 생각해도 이렇게 갑자기 떠나는 건

지사장님을 좋아하고 존경하는 사람들이 얼마나 많은지

모르시기 때문이라는 생각이 듭니다.

아신다면 이럴 수 없으시죠..

그래서 자꾸만 자꾸만 평소에 고백할 걸..이라는

생각이 듭니다.

지시장님이 울산으로 오셨을 때

여기저기서 업무든 안부든 걸려오는 전화마다,

좋겠다는 말 한마디씩 건넸던 "좋겠다..좋겠다.."라는 말이

아침 출근길 내내 떠오르고 혼자 중얼거립니다.

그래 좋았어..

고백한다면 백색 편지지에 꼭꼭 눌러쓴

손 글씨였으면 좋겠다고 생각했습니다.

왔다 갔다 하던 마음이 오늘 아침에야 정리되고

하여 마음에 두었던 손 글씨는 아닙니다.

미루고 미루었지만..

분명 그때와는 상황은 다르지만

은영이처럼 보내지 않고 싶다는 생각을 떨쳐 버릴 수가 없습니다.

고백합니다.

꼭 뭔가를 이루어 내셔서가 아니라

그냥 계시는 것만으로, 공단에 이런 분이 있다는 것만으로

내가 만드는 행복한 직장

지사장님이 그저 몸소 보여주시는 것만으로

제가 공단인으로 사는데 본보기가 되고 힘이 되는 분이셨습니다.

존경합니다. 많이,

지사장님과의 인연이 고맙고 또 고맙습니다.

두고두고 그리울 것입니다.

행복하세요.. 이 세상에서 제일...

- 고백, 2011년 12월30일 경주 댁-

가정이 화목해야 일에 집중할 수 있다

'수신제가치국평천하(修身齊家治國平天下)' 천하를 다스리려면 내 가정부터 편해야 한다는 말이다. 직장생활도 마찬가지다. 부부가 자주 다투는 모습에 자녀들이 불안을 느껴 속을 썩이면, 직장생활을 제대로 할 수 없는 것은 당연한 일이다. 살다 보면, 서로 의견이 달라 다툴 수도 있지만 이 또한 대화를 통해서 현명하게 극복할 수 있다고 본다.

자녀 문제에 대해 서로 소통하고 시댁, 처가 일을 자기 일처럼 서로 이해하고 노력한다면 극복 못할 일도 없다. 가정이라는 기초 체력이 왕성해야 나라가 건강해진다. 부모의 애틋한 사랑을 받고

자란 자식은 비록 주변의 꾐에 빠져 약간 궤도를 벗어나더라도 때가 되면 다시 돌아온다. 잠시 "오토바이 폭주족"으로 부모의 속을 썩이는 자식일지라도 오래지 않아 꼭 정신 차리고 돌아온다는 것이 나의 지론이다.

행복한 가정이 기다리고 있다면…….

'콩 심은데 콩 나고 팥 심은데 팥 난다.'는 속담을 다시 한 번 되새겨 볼 일이다. 가정생활이 행복하면 자연스럽게 일에 집중할 수 있게 되고 그러다 보면 직장에서 자연스럽게 인정받는 것이다.

그래서 회사의 역할도 중요하다. 간혹 직장문제가 가정의 불화를 불러오기도 한다. CEO와 간부들은 매일 야근으로 지칠 대로 지친 직원들과 그 가족에게 따뜻한 관심을 보여야 한다.

조직을 향한 충성이 그냥 생기는 것은 아니다. 최근 모든 공공기관이 '가정의 날'을 운영하는 이유가 바로 여기에 있는 것이다. 물론 그 본연의 취지를 살릴 수 있도록 운영되어야 하겠지만…….

퇴직 이후의 나의 모습은

"내가 장관도 하고 국회의원도 한 사람인데" 이는 왕년에 잘 나갔던 사람이니까 대접을 좀 해달라는 말일 것이다. 아직도 '과거의 망령'에 빠진 공직자가 있다면 그는 정말 불행한 사람이다. 상사로 모셨던 분으로부터 직접 전해들은 이야기이다.

제주여행을 마치고 돌아오는 길에 공항 한쪽에서 갑자기 시끄러운 소리가 들려 가까이 가보니 이름만 대도 알만한 전직 장관이었던 분이 공항 청원경찰과 승강이를 벌이고 있는 모습을 목격했다고 한다. 대낮인데도 이미 술에 취해있던 전직 장관은 막무가내로 청원경찰에게 공항 귀빈실로 자신을 안내하라고 떼를 쓰고 있었다고 한다. 그러나 안타깝게도 청원경찰은 술에 취한 취객이 행패를 부리는 상황으로 인식할 수밖에 없는 상황이었고, 이미 퇴임한지 몇 년이 흘렀으니 젊은 청원경찰이 그의 얼굴을 모르는 것은 당연한 것이고, 알았더라도 봐주기는 정말 싫었을 것이다. 내가 왕년에 이런 사람이니 특별대우를 해달라는 것에 대해,

얼마 전 한 변호사 출신 시민운동가의 해진 구두굽이 인터넷에 올라와 화제가 된 적이 있었다. 그는 충분한 능력과 배경을 갖고 있었음에도 평생을 다른 길을 걷고 있었다. 세상 사람들은 위의 두 사람을 각각 어떻게 바라볼까?

이런 것들이 얼마나 부질없는 것인가를 나이 50이 넘어서야 비로소 깨닫게 되었다. 행복은 이런 것과는 상관없다는 사실을……. 내가 예전에 누구였다는 사실보다는 소시민으로 돌아온 내가 지금 그 지역사회에서 어떤 역할을 하고 있느냐가 더 중요한 것이다.

소외계층을 위한 봉사활동을 통해 지역주민과 소통하는 삶은 '과거의 영광'을 더 가치 있게 하지만 그렇지 않은 경우라면 오히려

부담이 된다는 사실을 알아야 할 것이다. 그가 장관을 했던 국회의원을 했던 간에 일반 소시민은 이에 아무런 관심이 없다는 사실을 알아야 한다.

'과거의 족적'보다는 지금을 어떻게 살고 있느냐가 더 중요하다. 미리부터 남은 인생을 어떻게 살아갈 것인가를 준비하는 게 좋다고 본다. 이제는 평균수명이 길어져 60세에 퇴임해도 30년을 더 살아야 할 것이다.

퇴임한 후 20~30년 동안 매일 등산만 다닐 수는 없지 않는가? 건강관리만 잘하면 20년 이상은 더 일을 하면서 보람 있게 살 수 있을 것이다. 이 20년을 어떻게 살 것인가를 준비하는 지혜가 필요하다.

내가 만드는 행복한 직장

품격을 높이는
작은 습관

PART 5

평생의 고민을 통해 세상에 가치 있는 삶의 흔적을 남기는 것,

이것이 바로 성공이 아닐까?

칭찬은 조직을 춤추게 한다

상사나 동료에 대해 나쁜 말을 퍼뜨려 종종 낭패를 보는 직원들이 있다. 일명 '~카더라 통신'이라 하는데 어느 조직이나 이런 통신은 있게 마련이지만 취약한 조직문화를 가진 조직일수록 이런 통신은 큰 힘을 발휘한다.

이는 대부분 근원을 알 수 없는 부정적인 루머이지만 당하는 당사자는 치명적인 피해를 입게 된다. 특히, 상대방을 음해해서 승진 등에서 피해를 보도록 하는 경우가 많다.

그러나 이런 행동은 자신에게 절대로 이익이 되지 않는다는 것을 깨닫게 될 것이다. 남의 말을 잘하는 부하직원, 제대로 된 상사라면 절대로 신뢰하지 않는다. 그리고 이를 즐기는 상사라 하더라도 그 부하직원을 절대로 중용하지 않는다. 언제 배신을 할 지 모를 일이지 않는가? 상사는 이를 적당히 이용할 뿐이다. 나중에 토사구팽이 되는 것은 당연한 것이고…….

여기서 잠시 어느 기관에서나 비일비재하게 일어나고 있는 '~카더라 통신'의 피해 경험담을 소개하고자 한다.

국장으로 재직 시 직원 포상 관련 인사위원회에서 있었던 일이다. 지방에 근무하는 000직원이 장관표창이 상신되어 이를 심사하는데 다른 인사위원이 그 사람은 안 된다고 하기에 이유를 물으니 소문이 안 좋다는 것이다. 구체적인 소문을 말해달라고 이야기하였더니 그냥 소문이 안 좋으니 탈락시키자는 것이어서 그런 이유로는 곤란하다는 이유를 들어 내가 강하게 반대한 적이 있다. 회의 간사에게 그럼 그동안 그 직원의 행실이 나쁜 부분에 대해서 인사부서에서 주의를 준 사실이 있는가? 그런 일로 징계 받은 사실이 있는가에 대하여... 전혀 그런 일은 없고 단지 소문이 나쁠 뿐이라는 것이다.

품격을 높이는 작은 습관

거의 4시간 동안 갑론을박을 거듭한 끝에 그 직원의 표창상신을 통과시킨 일이 있다. 물론 모범적인 직원이 아닐 수도 있다. 그러나 사업목적을 달성하는데 크게 기여 했다고 해서 특별히 사업 부서에서 추천한 직원이었다.

이 얼마나 무서운 일인가? 경쟁자를 탈락시키는 전형적인 수법의~카더라 통신, 이는 조직의 미래를 위해서라도 반드시 근절해야 한다.

두 번째로, 몇 해 전 새 이사장이 임명되면서 일어난 해프닝이다. 하반신 마비 장애로 인해 휠체어를 타는 임원을 매번 회의 때마다 회의실까지 밀어드렸는데, 그분이 CEO로 내정되었다는 사실이 공표된 그날도 평소와 같이 회의실까지 밀어 드렸더니 어느 직원이 그것을 보고 왈, 그 국장님이 그런 분이 아닌 줄로 알았는데 별 수 없더라 하더라는 말을 전해 듣고 매우 충격을 받은 사실이 있었다.

이 세상에 비밀은 없다는 말은 이를 두고 한 말인 것 같다. 이 사실을 내가 알게 된 경위는 이렇다. 나에 대해 부정적으로 이야기 했던 직원과 친한 직원이 나와도 친밀한 사이였는데 그 말을 듣고 우리 국장님은 그런 분이 아니다. 전부터 이사님의 휠체어를 항상 밀어 드렸다고…….

어떤 시각에서 사물을 보는가에 따라 이렇게 결과가 달라진다는 사실을 새삼 깨닫게 되었다. 이런 말들에 대한 책임은 결국 본인에게 어김없이 다시 돌아온다는 사실을 깊이 새기자.

다시 한 번 강조하지만 살면서 가장 조심해야 하는 것이 '혀'이다. 입속의 혀는 도끼보다 무섭다는 말이 있다. 특히, 다른 사람의 말을 전달할 때에는 더욱 조심해야 한다. 전달하는 과정에서 엄청난 왜곡과 오해가 생겨날 위험이 있기 때문이다.

동료의 흠을 잡아 비판하는 것보다는 동료나 상사를 칭찬하는 것이 올바른 태도이다. 그러면 자신을 칭찬하는 상대방에 대해 좋은 감정을 갖게 되고 더 잘하려는 노력을 보일 것이다.

"칭찬은 고래를 춤추게 한다"는 말이 있지 않은가? 이것이 바로 칭찬의 긍정적인 효과이다. 만약 칭찬할 것이 없다면 험담하는 일에 동조하지 말고 그냥 가만히 있는 것이 더 낫다. 그럼 나중에 사과

품격을 높이는 작은 습관

할 일은 없을 테니까…….

소통보다 가치 있는 것은 없다

상대방의 잘못을 지적하기에 앞서 먼저 그를 알려고 노력하는 자세가 더 중요하다. 그 사람을 자세하게 알게 되면 자연스럽게 이해하게 되고 그 이후로는 더욱 친해진다. 서로 이해하고 다툼이 없는 세상은 행복할 것이다.

자신의 몸을 낮추고 세상 사람들과 소통하는 것이 남에게 군림하면서 남의 것을 빼앗는 것보다 더 큰 가치가 있는 것이다. 우리들의 큰 스승, 故 김수환 추기경님 말씀이 생각난다.

사랑합니다.

고맙습니다.

감사합니다.

이런 말이 이제는 조직에서, 세상에서 익숙해졌으면 좋겠다.

나를 생각하면 떠오르는 키워드는

나와 관계하는 사람들은 나를 어떤 사람으로 머릿속에 떠올릴까? 정직한 사람, 공정한 사람, 원칙과 소신 있는 사람으로 긍정적인 평가를 받는다면…… 나의 키워드는 '정직' 또는 '원칙' 등이 될 것이다.

정직과 원칙을 고수하는 사람은 소인배들로부터 일견 고집과 융통성 부족으로 공격받을 수는 있으나 이러한 비판은 오히려 그들의 인격을 떨어뜨릴 뿐이다. 정직과 원칙이 없는 인격이 있는가?

따라서 의식적이라도 그런 사람이 되도록 부단히 자신을 가꾸어야 한다. 권모술수를 멀리하고 자기가 맡은 일을 공정하게 처리하는 습관을 꾸준히 기른다면, 자연스럽게 공정해지고 그러다 보면, 조직에서 인정받아 평소 소신을 갖고 하고 싶었던 일을 할 수 있는 높은 직위에 오를 수 있다.

예를 들어 역사속의 인물에 빠져보라. 이제는 내가 세종대왕이고 내가 이순신 장군이 되는 것이다. 그러다 보면 행동을 아무렇게나 못하게 된다.

CEO가 되면 여러분들의 소신대로 할 수 있는 일이 얼마나 많겠는가? 그날을 가슴속 깊이 품어보라. 벅찬 가슴, 주체하기가 정말 힘들 것이다.

긍정적인 사고를 하라

우리 주변에 매사에 부정적이고 짜증을 내는 독불장군 같은 사람과 긍정적인 마인드로 주변 사람을 즐겁게 하는 사람이 있다면 그 차이점을 자세히 관찰해 보라.

어떤 생각을 갖고 임하느냐에 따라 현재 그가 처한 위치가 매우 달라져 있는 것을 알게 될 것이다.

입사 동기와의 직급에서도,

업무능력의 차이에서도.

'긍정적인 사고'는 사람과의 관계에서도 큰 힘을 발휘하기 마련이다. 어차피 인생은 주변과 더불어 부대끼며 살아가는 것이다.

생각을 바꾸고 행동으로 실천하면 우리들의 인생 결과는 크게 달라질 것이다.

직장 위계를 존중하라

현대 조직의 특징은 연공서열의 파괴이다. 어디를 가나 능력중심의 인사를 외친다. 그러다 보니 간혹 부하 직원이었던 사람을 또는 소속 부하직원은 아니었다 하더라고 나이 어린 후배를 상사로 모시는 일이 빈번해졌다.

업무능력보다는 아첨이나 연줄 등으로 승진한 사람을 상사로 모시는 억울한 경우도 있겠지만 이를 지혜롭게 극복해야 할 것이다.

동기거나 후배라서 대충 뭉그적거리다가는 정말 큰코다치기 십상이다. 아무리 형편없는 조직이라 하더라도 상하 관계를 분명

히 하지 않는 직원은 그 조직에서 성공이 불가능하다는 사실을 명
심하자.

결과에 책임을 져라

일을 하다 보면 성공할 때도 있고 실패할 때도 있다. 성공도 실패도 아니게 끝날 때도 있다. 손대는 일마다 Midas처럼 항상 성공한다면 더할 나위 없이 좋겠지만 100% 승률이라는 것은 존재하지 않는다.

결과가 나쁘게 나오더라도 항상 내 탓으로 돌려라.

그러면 자신을 항상 절제하게 되고 겸손해진다. 그러다 보면 원하지 않아도 결국은 자신에게 큰 이익으로 돌아올 것이다.

일을 함에 있어서 결과에 책임지는 자세가 매우 중요하다. 어느 조직이고 결과에 대해 책임지려는 사람이 별로 없는 것이 안타깝다.

몇 해 전 정부가 추진한 공공기관 선진화 방안의 핵심인 조직 감축의 방향성을 이해하지 못하고 오히려 간부직을 늘려보겠다고 외부 브로커를 끌어들이는 어떤 핵심간부도 있었다. 누구나 말도 안 되는 일이라고 알만한 일에 조직의 일부 핵심 간부들이 부하뇌동하였던 일이 엊그제 같다. 그 브로커 또한 현 정권의 실세를 잘 아는 것처럼 행동하였다.

어느 정도 시간이 지나니 정말 아무 일이 없었던 것처럼 수면 아래도 잠수하더니 아직까지도 이 일에 대해 책임을 진 사람도 책임을 묻는 사람도 없었다.

나머지 조직구성원들도 용기가 없어서인지, 아니면 문제를 제기해도 아무 소용이 없을 것이라는 체념 때문이었는지, 그저 침묵하고 있다.

도전하는 자만이 누리는 행복

다니는 직장을 그만두면 다 굶어 죽는 줄로 아는 직장인들이 많다. 자신의 전문분야가 아니면 배운 기술이 없다보니 스스로 아무것도 못할 것 같은 편견을 갖는다. 그러다 보니 다니는 직장이 비전이 없어도 그저 참고 지내는 일이 허다하다.

하지만 관점을 바꿔보자. 내 삶의 주인공은 나 자신이다. 주인공이 우울하거나 불편하다면 지옥에 사는 것과 같을 것이고 반면에 즐겁고 행복하다면 천국이 따로 없을 것이다.

나와 가족이 행복하기 위한 도전이 그렇게 두려운 것만은 아닐

것이다. 현실에 안주하지 말고 인생을 행복으로 채우기 위해서는 과감한 도전도 필요하다.

창업에 도전하는 공직자가 있다면 다음사항을 참고하기 바라는 의미에서 사례를 하나 들고자 한다.

어느 날 갑자기 직장을 그만두고 장사를 하고자 한다면 찬성하는 사람보다는 반대하는 사람이 훨씬 더 많을 것이다. 특히나 공직의 경우는 주위의 반대가 더욱 심할 것이다.

10명이 창업해서 9명이 망한다느니 하면서……. 그러나 이는 잘못된 생각이다. 왜 망한다고 말하는지 이유를 알 수 없다. 오히려 현실에 안주하지 않는 도전정신은 인생을 즐겁게 한다.

장사를 함에 있어서 우선 망하지 않는 방법을 이야기 하고자 한다. 음식점을 운영한다고 가정할 때 가장 핵심 포인트는 창업자금과 이에 종사하는 종업원, 즉 사람이다.

어느 정도의 자금만 확보된다면 충분히 성공할 수 있다. 당장 아파트 밀집지역과 같은 근린상권에서는 어떤 메뉴의 식당이 장사가 잘되는 지를 파악해 보라. 오히려 프랜차이즈가 더 쉽고 편할 것이다.

예를 들어 오피스 빌딩과 아파트가 밀집된 장소에서 장사가 잘 되는 프랜차이즈 우동집이 있다면 다른 비슷한 조건을 가진 장소에 그 우동집을 내면 된다. 사람들 입맛은 거의 비슷하기 때문에 여기서 장사가 안 되면 어쩌나 하고 걱정할 필요는 없다. 다만 좋은 재료, 친절, 청결 이 3가지 기본요소를 철저히 지켜주어야 한다.

그렇다고 이것으로 끝나는 것은 아니고 더 중요한 부분이 있다. 이는 종업원과의 관계로 그들을 어떻게 대하느냐에 따라 사업의 승패가 좌우된다고 단언해도 과언이 아니다.

그만큼 중요한 것이 종업원과의 인간관계이다. 앞에서 이야기한 기본요소는 모두 종업원과 관계되어 있다. 아무리 좋은 재료를 써서 장사를 해도 종업원이 친절하지 않으면 헛수고가 될 것이고 그렇게 되면 고객은 외면을 한다. 그럼 자연스럽게 장사는 망하는 것이다.

품격을 높이는 작은 습관

그러나 종업원을 내 가족처럼 여기고 아껴준다면 모두가 자기 일처럼 정성을 다하게 된다.

이익금을 분배할 때도 종업원을 내 가족이라 생각하고 다른 집의 20~30%는 더 줄 수 있는 마음의 여유를 가져보라. 그러다보면 자연스럽게 성공하게 되어있다.

이는 수년전 나의 집사람이 5년 정도 "돈가스전문점"을 운영하면서 얻게 된 경험이다. 아르바이트 학생을 포함한 모든 분들이 고맙게도 그만둘 때까지 거의 5년을 근무하였다. 가계를 그만둔 지 5년이 지난 지금도 그때 같이 도와주었던 분들과 정기적인 만남을 가진다.

이 모든 것이 사람의 문제라고 생각한다.

조직이나 개인의 장사나 그 승패여부는 모두가 사람이 결정한다.

갈등을 해결하는 나만의 방법

상사 또는 동료와의 갈등은 직장생활에 있어서 매우 중요한 요소다. 이 경우 문제점이 무엇인지를 정확하게 파악하고 소통하면 큰 문제없이 해결될 수도 있다.

나는 업무를 하면서 상급기관과의 갈등해결을 위해 이메일로 장문의 편지를 보내는 방법을 선택하였다. 편지는 하고 싶은 이야기를 큰 오해 없이 할 수 있고 쉽게 감동을 줄 수 있기 때문에 나의 입장에서는 가장 좋은 방법이 아닌가 생각한다.

사람에 따라서는 직접 대면은 더 역효과가 날 수도 있다. 말을 하는 과정에서 흥분할 수도 있고 이로 인해 전달하고자 하는 말을 효과적으로 하지 못할 수도 있기 때문이다. 그러나 이 또한 사람과의 관계이니 만큼 진정성을 가지고 정성을 다한다면 이 세상에서 해결하지 못할 일은 절대로 있을 수 없다는 것이 나의 신념이다

취미를 가져라

누구에게나 자신만의 다양한 취미가 있을 것이다. 책 읽는 일, 등산하는 일, 주말 농장을 가꾸는 일, 스포츠를 관람하는 일 등등 자신이 좋아하는 취미를 갖게 마련이다.

나의 유일한 취미는 무엇일까? 곰곰이 생각해 보았다. 책읽기 등 일상으로 해오던 일 외에 가끔 친한 사람과 술 한 잔, 차 한 잔 하는 일, 그리고 휴일에 가까운 산에 가는 정도가 전부인 것 같다. 참 단순하게 재미가 없는 삶처럼 느껴진다.

나와 친한 지인의 말을 빌리자면 나의 가장 큰 단점은 매사 진지하다 보니 얼굴 표정이 유연하지 못하고 경직되어 있어 본의 아니게 다른 사람들로부터 오해를 받을 수 있으니 표정을 좀 부드럽게 하라는 것이었다. 항상 명심하고는 있는데 아직까지도 잘 실천이 안 되고 있다.

얼마 전 TV에서 70세가 넘는 노인 분들이 구청 문화센터에 열심히 춤을 배우는 모습을 보면서 느낀 점이 많았었다. 그분들은 이구동성으로 "내가 왜 지금까지 살면서 이렇게 좋은 춤을 배우지 않았는지 안타깝다" "춤을 배우니 건강도 좋아지고 상대방에 대한 예의로 외모에도 신경 쓰게 되고 마음도 예전보다는 훨씬 더 넓어지더라"라는 말씀을 들은 적이 있었다.

그분들의 말씀이 공감도 되고 약간의 독특한 성격을 사교적으로 변화시키는데 춤이 여러 가지로 좋다는 주위의 추천이 있어 우선 노래와 사교춤을 배우는 것이 좋겠다는 생각으로 인근에 있는 댄스 교습소를 찾아간 적이 있다.

솔직히 말하면 몇 년 전에 보았던 쉘위 댄스(Shall we dance?)의 남자주인공(야쿠쇼 코지 Koji Yakusho)이 댄스교습소 문을 두드리기에 그리 오랜 시간이 걸린 것처럼 나 또한 실제 그 문을 넘어서기까지는 다소 시간이 걸렸다.

그렇지만 어느 순간 그곳의 문턱을 넘은 것을 보면 그 용기는 대단했던 것 같다. 그곳에서 만난 어느 중년 부인은 헬스클럽에서 운동하는 것보다 훨씬 효과도 있고 정신건강에 좋더라는 말을 하셨다.

실제 들어선 교습소는 막연히 상상만 했던 곳과도 달랐고 최근에 방영된 'Dancing With Star'라는 프로그램 때문에 주위의 인식이 많이 바뀐 것은 사실이지만, 아직 나 스스로가 타인의 손을 자연스럽게 잡는 것에 용이치 않고 또 공직에 몸담고 있는 사람이 춤을 춘다는 것에 대한 나 스스로의 편견 때문에 조심스러운 표정으로 상담만 하는 것으로 끝내야 했다.

본인은 물론 주변 사람들의 편견, 이는 맞을 수도 있고 그렇지 않을 수도 있다. 주위의 편견을 용기로 극복해서 이를 건전한 취미로 만들고 이를 통해서 생활에 활력을 더한다면 얼마나 좋을까? 하고 생각해 보았다.

그리고 조만간 용기를 내어 반드시 꼭 배워야겠다는 다짐을 하면서…….

품격을 높이는 작은 습관

지방 지사에서 근무할 때의 일이다. 직원들과 부서 회식이 끝나면 일부 희망 직원들과 함께 주변에 나이트클럽에 몇 번 간 적이 있다.

나중에 직원으로부터 들은 말은 부장님이 이런 곳을 많이 좋아하는 줄 알았다고, 직원들 재미있게 즐기라고 일부러 데리고 온 줄은 몰랐다고 하는 말을 듣고 웃은 적이 있다. 건전한 취미활동은 분명 인생에 활력소가 될 것으로 믿는다.

회사에서도 이런 부분을 적극 권장해서 직원 개개인의 신바람을 유도한다면 고객에게 더욱더 마음이 가깝게 다가갈 것이다. 내 자신이 더 유쾌하고 즐거우면 고객을 향한 서비스의 질은 더 높아지는 것은 당연한 것이 아닌가?

내가 생각하는 성공기준

성공의 기준은 사람마다 각각 다르다. 크게는 정치, 경제, 사회, 학술, 예술 등 각 분야에서 대중적인 존경과 신뢰 등을 통해 명예를 쌓는 것일 수도 있고, 나름대로 소박한 경우도 있을 것이다.

직장에서는 승진, 높은 연봉, 다양한 인간관계 등이 성공의 척도로 삼을 만하다.

여러분은 성공이 무엇이라고 생각하는가? 내 나름대로 성공이란 화두에 대해서 내린 결론은 평생의 고민을 통해 세상에 가치 있는 잔잔한 삶의 흔적을 남기는 것, 그것이 성공이 아닐까 하고 생각해 보았다.

오늘의 의미

어제는, 삶이 너무 힘이 들어 당장 죽을 것 같았다. 하지만 어제의 고통은 오늘의 고통보다 못하였고 오늘의 고통은 내일의 고통보다 못할 것이다.

어제와 오늘의 고통을 서서히 잊게 해주는 진통제는 바로 시간이다. 우리 역시 흘러가는 시간과 함께 자연스럽게 변해갈 것이다.

나는 다가오는 내일이 두렵다.

오늘의 내 마음이 변할까봐 그리고 내일이 오지 않으면 어쩌나하고……

오늘이 아무리 힘들더라도 불확실한 내일보다는 오늘이 더 소중한 것이고 오늘 중에서도 바로 이순간이 더 소중한 것이다.

"오늘은 당신의 남은 인생을 시작하는 그 첫날입니다"라는 좋은 글이 생각난다.

품격을 높이는 작은 습관

행복의 기준

우리는 왜 사는가? 아마도 행복하기 위해서 일 것이다. 사람들은 성공한 사람을 행복한 사람으로 착각할 수도 있다.

엄밀하게 따져보면 정말 다른 말인데……

돈을 많이 벌어서, 건강해서, 명예를 얻어서… 등등에 대해 사람들은 성공했다고 할 것이고, 그들을 행복한 사람으로 부러워할 수도 있다. 그 사람의 성공기준과는 상관없이…….

우리는 인생을 살아가면서 온갖 욕구를 갖게 된다. 즉, 승진에 대한 욕구, 사랑을 받고 싶은 욕구, 사랑을 주고 싶은 욕구, 돈을 벌고 싶은 욕구 등은 궁극적으로 바로 행복하기 위해서이다. 그러나 혼자만의 행복보다는 주변 사람들과 같이 나누는 행복의 가치가 더욱 소중하다고 본다.

많은 사람들이 행복의 수단으로 삼고 있는 돈은 사람에게 행복을 주기도 하지만 불행을 주기도 한다. 어떻게 쓰이는가에 따라 그 가치는 크게 달라진다.

얼마 전 재래시장에서 두부 장사를 하는 한 노인의 일화가 TV에서 방영된 적이 있다. 그 노인은 돈을 많이 버는 것도 아니었다. 다만 자신보다 못한 이웃을 위해 조금이라도 나누려는 마음을 갖고 있었다.

그리고 그는 실천하고 있었다. 자신을 당장 지탱하기도 어려우면서도. "남을 도와준다는 것이 이렇게 나를 행복하게 하는 줄을 미처 몰랐다"는 그분의 말씀이 아직도 생생하게 나의 가슴속에 깊게 남아 있다. 봉사 이후에 많은 분들이 남기는 단 한마디, "행복하다"는 말", 이 말의 의미를 다시 한 번 생각해볼 일이다.

우리 조직은 지금……

생동감 있는 조직과 그렇지 않은 조직의 차이는 조직구성원 개인이 맡은바 직분에 충실하고 있는가 아니면 '그저 더도 덜도 아닌 중간'만 하겠다는 분위기가 팽배하고 있는 가로 구별될 수 있을 것이다.

지금 우리의 조직문화가 공정하고 청렴한지, 리더가 방향성이 있는지, 조직구성원으로서 내가 주인의식이 있는 지에 대해 성찰의 시간을 가졌으면 좋겠다.